leykam:

Mit
Geschichte
IN DIE
ZUKUNFT

435 JAHRE LEYKAM BUCHVERLAG

INHALT

Bundespräsident
Alexander Van der Bellen

Das Buch ist für mich ein wertvolles, die Flüchtigkeit aller Zeiten überdauerndes Kulturgut. Auch oder vielmehr gerade im Zeitalter der Digitalisierung ist das Buch unverzichtbar, im klassischen Sinne, aber auch in seinen neueren Ausformungen wie etwa E-Book oder Hörbuch.

Für mich ist der Weg in Buchhandlungen und Bibliotheken, ist das Schmökern und Hineinlesen in verschiedenste Publikationen immer ein großes Vergnügen. Natürlich habe ich viele Bücher bei mir zu Hause. Immer wieder gibt es auch die schmerzvolle Erkenntnis, dass schon wieder einiges liegengeblieben ist, was ich gerne gelesen hätte.

So wie das Buch unverzichtbar ist, so sind es natürlich auch die Buchverlage, die oft dramatischen Veränderungsprozessen ausgesetzt sind. Umso erfreulicher ist es, dass der Leykam Verlag bereits auf eine 435-jährige Geschichte mit vielerlei Umbrüchen zurückblicken kann, die erfolgreich gestaltet wurden.

Dazu gratuliere ich herzlich und wunsche für die Zukunft des Buches und des Buchverlages das Allerbeste!

HERWIG HÖSELE

Mit Geschichte in die Zukunft

VOM GUTENBERG- ZUM GOOGLEZEITALTER EINE STANDORTBESTIMMUNG ZUR ZUKUNFT DES BUCHES

Jubiläen bieten immer auch Gelegenheit zu einer Standortbestimmung. „Woher kommen wir? Wer sind wir? Wohin gehen wir?", lautet der Titel eines der wohl berühmtesten Gemälde des französischen Malers Paul Gauguin.

Es ist dies eine existentielle Grundfrage, die sich auch der Leykam Buchverlag stellt. Das Jahr 2020 wurde bewusst als Jahr der Standortbestimmung für den mit seiner 435-jährigen Geschichte wohl ältesten österreichischen Buchverlag gewählt, revolutioniert doch die Digitalisierung die Gesellschaft wahrscheinlich mindestens so, wie es der Buchdruck im späten 15. und 16. Jahr-

hundert tat. Es gilt also mit dem Wissen um die Geschichte vor allem den Blick auf die Zukunft zu richten und Perspektiven zu eröffnen. Die Spanne reicht von der Neuzeit im 15. und 16. Jahrhundert mit der Entwicklung des Buchdrucks, der Entdeckung Amerikas, der Reformation durch Martin Luther bis zur Digitalzeit Ende des 20. Jahrhunderts und im begonnenen 21. Jahrhundert, kurz gefasst vom Gutenberg zum Google(Gates)-Zeitalter.

Zugleich ist es eine stolze und unendlich spannende Geschichte, die über 435 Jahre Leykam erzählt werden und aus der viel für die Zukunft gelernt werden

kann. Die Geschichte eines Buchverlages, der eng mit der Geschichte des Buches und des Verlags- und Medienwesens im Allgemeinen, mit der der Steiermark, aber auch darüber hinaus Österreichs und des Alpen-Adria-Raums, speziell der Wissenschaft und des Geistes- und Kulturlebens verbunden ist.

Das vorliegende Buch zeichnet nicht nur die Highlights der Verlagsgeschichte nach, sondern wirft insbesondere mit Beiträgen von über 70 prominenten Persönlichkeiten, die im öffentlichen Leben wirken und/oder dem Leykam Buchverlag vor allem auch als Autorinnen und Autoren verbunden sind, einen Blick in die Zukunft.

Alle eint die Feststellung trotz aller Umwälzungen und Disruptionen: Das Buch und das Verlagswesen haben Zukunft. Bücher braucht der Mensch. Das immer neue Faszinosum Buch ist unersetzliches Element der Conditio humana.

STEFAN KARNER

Leykam: ein wesentliches Stück steirischer Geschichte

Die Geschichte des ältesten und noch bestehenden Verlagshauses der Steiermark ist auch die Geschichte des Landes, ein wesentliches Stück Geschichte seines geistigen Lebens. Das Gründungsjahr 1585 verbindet das Unternehmen auch mit der Universität Graz, als im Zuge der Gegenreformation von Erzherzog Karl in Graz ein geistiges und mediales Bollwerk gegen den Protestantismus und die Lehre Luthers installiert wurde: die Universität. Im selben Jahr erfolgte auch die Bestellung von Georg Widmanstetter zum Hofbuchdrucker.

Widmanstetter sollte mit seinen Druckwerken die geistige Rückorientierung und Gegenreformation im Lande bewerkstelligen. Daher standen die Erzeugnisse der Druckerei von Beginn an auch im historisch-politisch-religiösen Kampffeld. Widmanstetter arbeitete vor allem für die Universität, deren Betrieb schon sehr bald von den Jesuiten übernommen wurde. Ein großer Teil der Aufträge kam von ihnen bzw. von der Universität, doch finden sich auch zahlreiche Besteller, namentlich Klöster aus der Steiermark, Kärnten, Krain, aus Ungarn, Kroatien und Innerösterreich. Im Jahr der zweiten Türkenbelagerung Wiens, 1683, stellte das Druckereiunternehmen auf einen zweiten Fuß ab und wurde auch zum Verleger: „Gedruckt und Verlegt zu Gratz bey denen Widmanstetterischen Erben", prangte in diesem Jahr zum ersten Mal auf einem „Schreibkalender". Dennoch schafften die Erben nach dem Betriebsgründer, die Familien Beckh-Widmanstetter keine neuen betrieblichen Investitionen mehr, sodass zu Ende des 18. Jahrhunderts dem letzten Widmanstetter-Eigentümer, Alois, von der Behörde eine Verlängerung der Monopolstellung seiner Offizin negativ beschieden wurde. Der Betrieb stand vor dem Aus.

Durchleuchtiger, hochgeborner Fürst genediger Herr,
E[uer] F[ürstliche] G[naden] wöllen, bit ich gantz underthenig, dis mein begern, mit genaden vernemen.

Es ist nunmehr, allergnedigster Fürst und Herr, 22 Jar, das in E.F.G. hochlöbliche Fürstenthumb ich mich begeben, darunder bis ins 18 Jar zu haus und bey E.F.G. buchtrucker Adam Berg für ein setzer neben der Correctur gebraucht worden. In disen Jaren mich verhalten, das meniglich (verhoffentlich) mit mir wol zufriden, und noch auch kein Klag erschienen sein wirdt. Wie ich mich dan dessen auff E.F.G. Capelmaister, Herr Orlandum, so meins thuns und Lassens gut wissen wil referirt haben: Weil aber gnediger Fürst und Herr die nahrung bey mir die Zeit durch sehr gering, und schwerlich hinbringen müssen, also das ich verursacht worden, umbzusehen, wie ich mich sach anstelle, damit ich mich sambt Weib und Kindlein mit Gott und ehren weitter ernähren und hinbringen möge, hab ich verganges Jar ein Zug nach Grätz gethan, und under andern bey Ihrer Fürst: Durch: umb Dienst angehalten und beworben: Wellice Ihr Fürst. Durch. mein aller genedigster Herr, mich zu dero Hofbuchtrucker an und aufgenommen, mir auch so aller genedigst erschienen, und ein Paßbrieff in ihrer F. Durch. Fürstenthumben alher verordnen lassen. Demnach langt und ist auch an E.F.G. mein gantz underthenigs anruffen und bitten, Sie wöllen mir so genedig willfaren, und durch derselben hochlöblich Fürstenthumb ein Paßbrieff auch miterthailen lassen, damit ich mich dessen auch zu erfreuen, und umb E.F.G. in aller underthenigkeit zu bedanken hab. Das wil umb E.F.G. ich die Zeit meines Lebens in kein Vergessenhait nimmermehr stellen, denen ich mich in aller Underthenigkeit gehorsamlich bevelhen thue.

Gantz underthenigister
Georg Widmanstetter
Buchtrucker

Kanzleivermerk auf der Rückseite: Georg Widmanstetter buchtruckers bitten umb ein Paßbrief nach Grätz.
Fiat Paßbrieff 19. Martii 86

Ansuchen Georg Widmanstetters um Ausstellung eines Reisepasses für seine Übersiedlung von München nach Graz.

In dieser schwierigen Phase stieg 1781 der junge Rheinländer Andreas Leykam, eben mit einer vermögenden Brauereistochter aus Waidhofen/Ybbs vermählt, als Buchdrucker in Graz ein. Seine neue Offizin etablierte er neben der altehrwürdigen Offizin Widmanstetter in der Stempfergasse 9. Leykam war voller Tatendrang. Schon drei Jahre später erwarb er vom Grazer Gubernium das brachte. Gleichzeitig kaufte er, gemeinsam mit seiner Frau Elisabeth, einige kleinere Druckereien auf und schaltete damit weitere Konkurrenten aus. Unter ihnen die Offizin Ambros (mit der Zeitung „Der Biedermann") oder die Druckerei von Kalchberg (mit der „Bürgerzeitung").

Sein größter Coup war jedoch der Erwerb der benachbarten Offizin Wid-

1806: ÜBERNAHME DURCH ANDREAS LEYKAM

Recht, eine Zeitung herauszugeben, die „Gratzer-Zeitung". Sie erschien zweimal wöchentlich und bald mit einer viel gelesenen Kulturbeilage.

Der nächste Schritt war richtungweisend und neu: 1793 erwarb Leykam über eine Versteigerung die Leutzendorf-Papiermühle auf der oberen Lend, womit er Druck und Papier in eine Hand manstetter mit dem von ihr verlegten „Allgemeinen Zeitungsblatt für Innerösterreich" am 9. April 1806. Nun konnte er den Betrieb mit dem noch immer vorhandenen Kundenstock neu auf- und ausbauen.

Nur wenige Monate später folgte der Kauf des benachbarten Adelspalais in der Stempfergasse 7 von Johann von Kalchberg, dessen Druckerei er bereits zuvor übernommen hatte. An diesem Standort verblieb die Leykam schließlich bis 1978, als sie in den Westen von Graz übersiedelte.

Leykam sah den angrenzenden untersteirisch-slowenischen Raum als neuen Markt, inhaltlich eine deutliche Erweiterung in den Bereich der Literatur und produktionstechnisch den aufkommenden großen Markt an Zeitungen und Zeitschriften sowie Landkarten.

Nach dem Tod von Andreas Leykam 1826 führten seine Enkel Friedrich Lenk und Elisabeth Lenk die Firma als „Andrä Leykam's Erben" erfolgreich fort. Beide entstammten der Ehe der Leykam-Tochter Elisabeth Josepha mit dem Wiener Philipp Jakob Lenk und wurden noch von Andreas Leykam zu Universalerben eingesetzt.

Druck und Papier blieben so in einer Hand, obwohl die Lenks untereinander ab und an gegenseitige Verkäufe tätig-ten. So verkaufte Friedrich Lenk schon im Revolutionsjahr 1848 die Papierfabrikation an seinen Halbbruder Jakob Lenk und 1869 gingen die Offizin, die Grazer Druckereien und Papierfabriken von Kienreich und Pock sowie die Betriebe der „Andrä Leykam's Erben" in der „Leykam Actiengesellschaft für Papier- und Druckindustrie" auf.

Im Jahr darauf fusionierten die Besitzer der Papierfabriken in Josefsthal und Görtschach bei Laibach/Ljubljana, einer Holzschleiferei und der modernen Papierfabrik in Gratkorn (Jakob Syz) mit der AG zur „Actien-Gesellschaft für Papier- und Druckindustrie Leykam-Josefsthal" mit dem Sitz in Wien. Präsident der Gesellschaft wurde Jakob Syz, Leykam-Urenkel Albin Lenk ihr Generaldirektor.

Obwohl die Druckerei und der Verlag innerhalb des großen Konzerns in ihrer wirtschaftlichen Bedeutung gegenüber

• • •

der Papierproduktion stark zurücktraten, konnten auch sie von der Industriellen Revolution des 19. Jahrhunderts, die die gesamte Wirtschaft erfasst hatte, profitieren. So brachte die Gründung zahlreicher neuer Betriebe entlang der neu errichteten Südbahnstrecke von

haltung auf zwei Standorte verteilt, der Zeitungsdruck technisch unzeitgemäß, und es herrschte eine interne Rivalität zwischen Graz, Wien und dem Flaggschiff Gratkorn, wobei gerade dieser Standort innerhalb des Konzerns bevorzugt wurde.

1883: DRUCKEREI- UND VERLAGSACTIENGESELLSCHAFT LEYKAM

Wien nach Triest den Druckereien ein neues, höchst attraktives Geschäftsfeld: den Lohndruck tausender, farbenprächtiger Etiketten und gesetzlich geschützter Marken. Von Reininghaus über Puch-Fahrräder und Likör-Fabriken bis zu Toilettenartikeln.

Doch es war nicht nur die völlig unterschiedliche Gewichtung der einzelnen Geschäftsfelder im Konzern, die eine neue Organisationsstruktur erforderten. Die Maschinenausstattung der Druckereien war veraltet, die Buch-

1883 wurde der Konzern daher in Papier und Druck geteilt bzw. Druckerei und Verlag herausgelöst und am 18. April 1883 die „Druckerei- und Verlags-Actiengesellschaft Leykam" gegründet. Sie firmierte fortan samt der liberalen „Tagespost", dem Sprachrohr des „Demokratischen Vereins in Steiermark", und der „Schulzeitung" als eigenständiges Unternehmen im Eigentum von 18 mehrheitlich Grazer Aktionären. Albin Lenk, Urenkel von Andreas Leykam, der wesentlich am Zustandekommen der Neugründung beteiligt war, erhielt die Geschäftsleitung der Leykam.

Die „Josefsthaler" mit Gratkorn und den Krainer Papierfabriken um Laibach/ Ljubljana wurde durch die Übernahme der Heinrichsthaler AG zum größten Papierkonzern der Österreichisch-Ungarischen Monarchie mit Werken bis in die heutige Ukraine. Zum Flaggschiff des Konzerns wurde bald das „Leykam-Hartpost"-Papier.

Die Leykam Druckerei und der Verlag blieben in der Stempfergasse in Graz und entfalteten ein breites publizistisches Angebot. Das im Eigentum be-

alle bedeutenden Werke, vor allem auch die Schriften von Peter Rosegger, erschienen unter seinem Dach.

Das Ende des Ersten Weltkrieges 1918, der Zerfall des Habsburger-Reiches und die Ausrufung der Republik (Deutsch) Österreich konnte das Unternehmen relativ glimpflich überstehen. Die Buch- und Zeitungsproduktion liefen in vollem Umfang weiter, die verlorenen Absatzmärkte konnte man durch höhere Verkaufszahlen im Inland wettmachen. Einen Konkurrenten wie die Vorwärts-Druckerei der Sozialdemokraten hatte man 1934 mit politischer Hilfe beschlagnahmt, die Maschinen verkauft.

1938: NS-GAUVERLAG

deutender Grazer Industrieller stehende Verlagshaus Leykam wurde zum führenden Verleger des Landes. Nahezu

Erst die Machtübernahme der NSDAP und der „Anschluss" Österreichs an das Deutsche Reich 1938 bedeuteten einen tiefen Einschnitt. Das Unternehmen wurde unter NS-Verfügung gestellt, die Eigentümerschaft der NSDAP übertragen. Die Leykam wurde zum „NS-Gauverlag" für die Steiermark und produzierte nun die NS-Schriften, die zum NS-Parteiorgan umfunktionierte „Tagespost", nahezu alle Druckschriften des Reichsgaues und seine unzähligen

Stadtkommandant sie in „Grazer antifaschistische Volkszeitung" umbenannte. Mit 14. Juli wurde der Firmenwortlaut etwas geändert und die AG in eine GmbH umgewandelt. Öffentliche Verwalter wurden Franz Stockbauer, Norbert Horvatek und Fritz Matzner. Das Eigentum an dem Unternehmen erlangte nach jahrelangem Rechtsstreit mit

1953: LEYKAM AG

Formblätter. Kurz vor Kriegsende 1945 hatte man noch einen riesigen Auftrag, den Druck von 70 Millionen RM an Notgeld in Form von 20- und 50-RM-Scheinen zu bewerkstelligen.

In der Nacht zum 9. Mai 1945 rückten sowjetische Truppen der 3. Ukrainischen Front in Graz ein. Am 10. Mai 1945 erschien die „Tagespost" als „Grazer Volkszeitung", ehe der sowjetische

den ehemaligen Leykam-Aktionären, im Zuge einer politisch zwischen ÖVP und SPÖ paktierten Neuaufteilung aller österreichischen, ehemaligen NS-Gauverlage, 1949 die Sozialistische Partei Österreichs als Kompensation für den Verlust des „Vorwärts"-Verlages, wo u. a. der „Arbeiterwille" gedruckt worden war. 1953 wurde das Unternehmen in eine Aktiengesellschaft umgewandelt und firmierte als „Leykam AG".

Die Leykam unter Generaldirektor Oswald Elleberger baute in der Folge ihre Stellung auf dem steirischen Druck- und Verlagsmarkt aus. Hier wurden u. a. die „Südost-Tagespost" und die „Sonntagspost" der ÖVP sowie die „Neue Zeit" der SPÖ und „Der Obersteirer" gedruckt. Teils mit ERP-Mitteln wurden die Betriebsanlagen modernisiert (1967 die modernste 64-Seiten Rotationsdruckmaschine Österreichs) und mit dem Buchhandel ein zusätzliches Geschäftsfeld zum Verlag und dem 1930 angekauften erfolgreichen Kalenderverlag „Alpina" („Mandlkalender") eröffnet.

Das Unternehmen mutierte dem Zug der Zeit folgend vom Produktionsbetrieb zu einem modernen Dienstleister, schaffte die technischen Veränderungen in der Branche, das neue Offsetverfahren im Buchdruck, die Fotosatz-Technologie sowie den Einzug des Computers in die gesamte Produktion.

Die Feier des 400-jährigen Jubiläums der Leykam 1985 war gleichzeitig auch der Abschied von der jahrhundertealten von Gutenberg eingeführten „schwarzen Kunst".

Zuvor schon war man bei laufendem Betrieb und mit 370 Mitarbeitern von der doch schon sehr beengten Niederlassung in der Grazer Innenstadt in ein neues Firmenareal in der Ankerstraße im Grazer Westen umgesiedelt. Nur wenige Geschäftsfelder, wie der Buchverlag, verblieben für einige Zeit noch in der Stempfergasse.

Unter Kurt Oktabetz wurde die neue Leykam 1982 zu einem Multi-Mediakonzern ausgebaut und umfasste in einer Holding-Konstruktion mit eigenen Gesellschaften die Geschäftsfelder Print, Elektronische Medien, Printmedien, Handel und Sonstiges (etwa ein Reisebüro).

Trotz aller Bemühungen des Unternehmens, sich stärker von Einflussnahmen (besonders in personeller Hinsicht) des nahezu Alleineigentümers SPÖ zu lösen, gelang dies nur partiell. Zahlreiche Umstrukturierungen, Teilverkäufe (etwa des Printbereiches), laufende Managementwechsel und schließlich das Fehlen klarer und realisierbarer unternehmerischer Ziele führten nach der Ära Oktabetz zum steten Niedergang des Konzerns und seiner Töchter. Die einzelnen Tochterfirmen wurden verkauft, sodass 2019/2020 von der der SPÖ zuzurechnenden Leykam Medien AG nur mehr eine Agentur übrig blieb, die unter anderem Social Media-Kampagnen für die Sozialdemokratie organisiert.

Im Zuge dieses Verkaufsprozesses wurde der Leykam Buchverlag im Jahr 2012 an die Medienfabrik, die frühere Steiermärkische Landesdruckerei verkauft, deren Eigentümer der Grazer Unternehmer Dr. Leopold Gartler ist. Seit 2017 ist der Leykam Buchverlag im Eigentum der ebenfalls Dr. Gartler gehörenden unabhängigen Beteiligungsgesellschaft „GL Invest".

Vgl. zum Beitrag v. a.:
Theodor Graff – Stefan Karner, Leykam. 400 Jahre Druck und Papier. Zwei steirische Unternehmen in ihrer historischen Entwicklung. Graz 1985.
Stefan Karner, Zur Entfernung deutschen Kapitals aus der österreichischen Industrie. Das Fallbeispiel Leykam, in: Sebastian Meissl – Klaus-Dieter Mulley – Oliver Rathkolb (Hg.), Verdrängte Schuld, verfehlte Sühne. Entnazifizierung in Österreich 1945–1955. Wien 1986, S. 129–136.
Stefan Karner, Die Steiermark im Dritten Reich 1938–1945. 3. Aufl., Graz-Wien 1994.

*Andreas Leykam (1752–1826),
Ölbild, im Besitz der Leykam
Medien AG.*

KATHARINA KOCHER-LICHEM & MARKUS KOSTAJNSEK

Über 435 Jahre Druckgeschichte sichtbar gemacht

7 WERTVOLLE RARITÄTEN

Dieser Beitrag wurde zur Präsentation der Ausstellungsobjekte der Steiermärkischen Landesbibliothek anlässlich des Festaktes 435 Jahre Leykam am 12. März 2020 in der Aula der Alten Universität in Graz verfasst.

Feste muss man feiern – ein Motto, dass auch die Leykam Buchverlagsgesellschaft zum Anlass nimmt, mit einem Jubiläum auf die lange Druck- und Verlagsgeschichte dieses Hauses und damit auch auf deren Rolle in der Steiermark bzw. in Österreich hinzuweisen. 1585 gegründet, feiert man 2020 das Jubiläum von 435 Jahren, und was liegt näher, als diese lange Geschichte auch anhand alter Drucke sichtbar zu machen.

Im Besitz der Steiermärkischen Landesbibliothek befindet sich – dank über 200-jähriger Sammlungstätigkeit – eine feine Auswahl dieser alten Drucke. Daraus wählten Leykam Verlagsleiter Dr. Wolfgang Hölzl und Mag. (FH) Markus Kostajnsek, der Altbuch-Spezialist der Landesbibliothek, nachstehende Bände als besonders repräsentativ für die Druckgeschichte der Leykam und ihrer Vorgängerin, der Offizin Widmanstetter aus.

Der Terminus „Offizin" steht für eine mittelalterliche Druckwerkstatt. Gegründet hat diese spezielle Druckwerkstatt in Graz der Buchdrucker Georg Widmanstetter, der sich, aus München kommend, hier in Graz um die Stelle des Hofbuchdruckers beworben hatte. Gewirkt haben er und seine Erben – zuletzt Alois Beckh-Widmanstetter – bis zum Beginn des 19. Jahrhunderts. Die Freigabe des Druckereigewerbes Ende des 18. Jahrhunderts brachte den Widmanstettern allerdings den Untergang: Alois Beckh-

Widmanstetter suchte 1781 um die Bestätigung der Hausprivilegien an und bekam von der Hofkanzlei aus Wien mitgeteilt, dass nach kaiserlicher Entschließung die privilegia privata nicht mehr erneuert werden dürfen. So beschreibt es Theodor Graff, der Widmanstetter-Bibliograph, 1985 im Buch „Leykam. 100 Jahre Druck und Papier". Graff weiter: „Damit war die Monopolstellung der Offizin Widmanstetter nicht mehr garantiert, und noch im selben Jahr erhielt Andreas Leykam durch ein Hofdekret die Erlaubnis, in Graz eine Druckerei auf eigene Kosten und Gefahr und ohne Schutz eines Privilegs errichten zu dürfen." Der Konkurrenz, die noch durch einen weiteren Drucker verstärkt wurde, hielt Widmanstetter nicht stand und musste 1806 die Buchdruckerei samt Einrichtung und der bisher verlegten Zeitung (Allgemeines Zeitungsblatt für Innerösterreich) an Leykam verkaufen.

Sieben besonders wertvolle Raritäten aus der Widmanstetterschen (1585–1806) und der Leykamschen Druckgeschichte (ab 1806), die in der Landesbibliothek geschützt aufbewahrt werden, wurden anlässlich des Festaktes „435 Jahre Leykam" präsentiert:

1

Libell, 1586

2

Koch- Und Artzney-Buch, 1686

3

Johannes Macher, 1700

4

Grätzerisch Europaeische Zeitung
1721

5

Erbhuldigung, 1740

6

Katharina Prato:
Die süddeutsche Küche…, 1858

7

Heimgarten, 1876

* * *

AD 1
LIBELL
1586

„Warhaffte/Königliche/und andere bestendige Zeugnuß": Der erste noch erhaltene Druck aus der Offizin Widmanstetter in Graz aus dem Jahr 1586 ist eine Entgegnung auf ein protestantisches „… erdicht unwarhafft Famoß Libell und Tractätlein". In dieser anonymen Schrift – Autor, Drucker und Verlagsort sind nicht genannt – werden Jesuiten beschuldigt, in Krakau „… Erbärmliche/ Mordtliche Thaten …" begangen zu haben. In der Erwiderung werden deren Entsendung, Gefangennahme, Verhör, öffentliche Verurteilung in Krakau und Hinrichtung zu Nilo durch „Schwerdt und Radt" vehement vom Erzbischof von Mainz, Wolfgang X. von Dalberg, bestritten. Er bittet zusätzlich Stephan Báthory, den König von Polen und Großfürsten von Litauen, um Unterstützung in der Kontroverse. Dieser verfasst eine Klarstellung des Sachverhaltes und testiert, dass sämtliche Anschuldigungen und Behauptungen jeglicher Grundlage entbehren. Soweit der Inhalt. Der Druck ist als letzter Teil in einem Adligat der Universitätsbibliothek Salzburg erhalten und liegt hier daher in einem Faksimile vor.

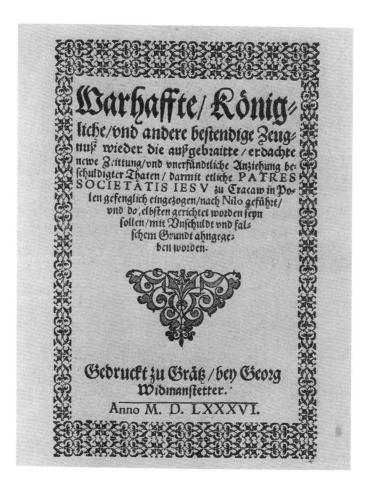

Libell, der erste noch erhaltene Druck
aus der Offizin Widmanstetter (Original in
der Universitätsbibliothek Salzburg).

AD 2
KOCH- UND ARTZNEY-BUCH
1686

Berühmt ist das anonym erschienene erste gedruckte „Koch- Und Artzney-Buch" Österreichs von 1686, das im Original an der Landesbibliothek vorhanden ist. Im ersten Teil, dem Kochbuch, findet man auf 118 Seiten typisch österreichische Rezepte, so werden unter anderem Fische zubereitet, Quitten verarbeitet und Weichseln und Ribisel eingekocht. Im anschließenden Artzney-Buch wird in 150 Rezepten die Behandlung diverser Krankheiten, wie Magen-, Leber- und Milzkrankheiten, und die Anleitung zur Herstellung von Salben, Säften, Pulver und Ölen erklärt. 1688 erscheint, wieder anonym, eine zweite unveränderte Auflage, 1696 „zum dritten mahl im Truck verfertiget" eine um 50 Seiten gekürzte und geänderte Ausgabe.

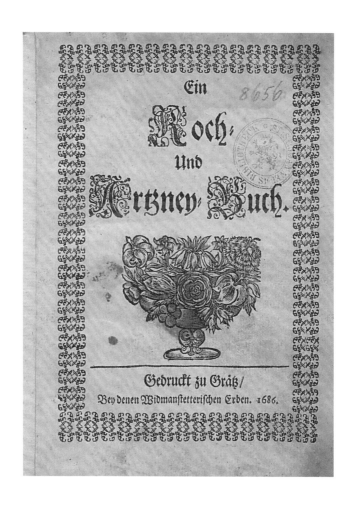

Das erste gedruckte Kochbuch Österreichs.

AD 3

JOHANNES MACHER

1700

Wegen seiner besonders schönen Kupferstiche wurde das Werk „Graecium inclyti ducatus Styriae metropolis, topographice descriptum" aus dem Jahr 1700 ausgewählt. Diese Beschreibung der Stadt Graz aus dem Jahr 1700 weist neben dem allegorischen Titelkupfer zehn weitere Illustrationen auf. Gedruckt wurde sie „apud Haeredes Widmanstadij", also bei den Widmanstetterschen Erben nach Georg Widmanstetter. Andreas Trost, ein zu dieser Zeit vielbeschäftigter Kupferstecher aus Niederbayern, hat unter anderem Ansichten der Grazer Burg, des Rathauses und von Schloss Eggenberg geschaffen. Johannes Macher, der Autor und Professor an der Grazer Jesuitenuniversität für Rhetorik und Philosophie, unterteilte das Werk in vier Bücher und beschrieb darin die Stadt und ihre nähere Umgebung in lateinischer Sprache.

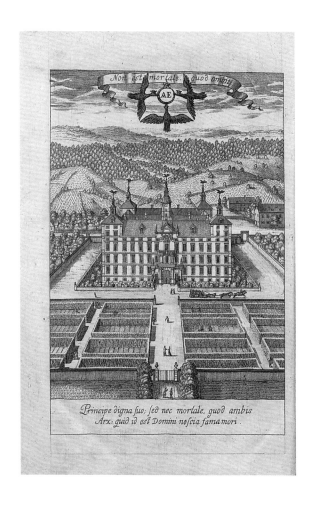

Die Ansicht von Schloss Eggenberg.

* * *

AD 4
GRÄTZERISCH EUROPAEISCHE ZEITUNG
1721

Bei der Darstellung dieser Druckgeschichte darf selbstverständlich Zeitungsdruck nicht fehlen. Symbolisch dafür ist die „Grätzerisch Europaeische Zeitung" von 1721. Wann die Zeitung das erste Mal gedruckt worden ist, lässt sich nicht mehr eruieren, ein Fragment aus dem Jahr 1711 ist im Steiermärkischen Landesarchiv erhalten. Friedrich Ahn mutmaßt in einem Beitrag aus dem Jahr 1900, dass möglicherweise bereits im letzten Jahrzehnt des 17. Jahrhunderts die erste Nummer die Druckerei Widmanstetter verlassen haben könnte. Als „Grazer Ableger" des Wiener Diariums, der späteren Wiener Zeitung, ist die Grätzerisch Europaeische Zeitung das früheste erhaltene Grazer Periodikum und wurde bis in das Jahr 1792 gedruckt. Inhaltlich unterschied sich die Grazer Ausgabe nur unwesentlich von der Wienerischen. Die Nachrichten wurden redaktionell unbearbeitet wiedergegeben und mit nur wenigen steirischen Aspekten, den Totenlisten, den Anzeigen und amtlichen Kundmachungen, angereichert. Das darauffolgende Periodikum, das „Innerösterreichische Intelligenzblatt", von Andreas Leykam herausgegeben, fand bei der Grazer Bevölkerung wesentlich besseren Anklang.

ANNO 1721. den 9. Augustus. Num. 64.

Sambstägig - Grätzerisch:

Europæische Zeitung/

Aller

Deren Königreichen / Länder / und Städten enthaltent.

Extract eines Particular-Briefs auß Haag.

Er geschlossene Tractat mit Spannien und Engelland ist mit der Ratificaton wider überschicket / und wiste man nicht anders oder derselbe sey in solchen Terminis / daß Spannien sich nicht von andern mehr Jalouse auf den Hals hole / als es von Engelland zu gewarten hätte / die Freyheit / so man Engelländis: Seiten wolle vorgeben auf die West-Indier erhalten zu haben / mehr als mit 2. Schiffen / die Spannien bey dem lezten Utrechtischen Friden / als ein Donceur zugestanden / liesse schon gegen das Spanische Interesse als aller andern Potentaten / dahero nicht kan geglaubet werden / daß über gedachte zwey noch mehr an Engelland promittiret worden / dahin zu negotiiren / weil man wohl versicheret ist / daß die Engl: bey disen 2. Schiffen es nicht haben bewenden lassen / sondern mit mehren nach den Küsten auf Peru und Mexico abgefahren; So nun / der Rede nach / an Engelland gar 7. Schiffe von Spannien zugestanden seyn solten / würde dises dem National-Commercio und deß Königs Renten einen solchen Verfall beybringen / daß selbst die Cadizische Flotte kein Debit haben würde / massen die Engelländer die West-Indier mit so vil Waaren alsdann überhäuften werden / daß keine andere Nation ihre Waaren würden mehr nach Spannien schicken können / wesswegen man nicht glauben kan / daß Spannien in solche Enge getriben gewesen / an Engelland dergleichen Vortheile zuzustehen / die ihnen und ganz Europa nachtheilig seyn; zu deme ist bey denen erfahrnen Staatisten diser aufgegebene Contract umb sovil nachdencklicher / als wann Spannien nicht nur disen Freyhandel an Engelland so reichlich ertheilet / da sonst kein Potentat in der Welt mehr dahin negotiiren darff / als Spannien allein / daß der König ohne disen grossen Vortheil sich selbst zum Schaden noch sovil Millionen bezahlen / auch Gibraltar und Porto Mahone abstehen wolle / davon findet man keine Ursach / was Spannien darzu bewogen / sintemalen kein Potentat solches würde approbiret haben / wann Engelland Spannien darinn hätte forciren wollen / geschweige / daß solche Avantage Spannien so willig weggegeben. Man sagt eher / daß Engelland an Spannien solche Millionen wol werde außtzehlen / ehe dise Crou einige Vortheile bey Spannien erholet / gleich vor einigen Zeiten man von Engelland unter der Hand selbst gehabt / daß Groß-Britannien ein merckliches an Spannien offriret / damit Gibraltar und das gehabte Commercium auf die Indier an Engelland bleiben möchte. Es hat Spannien hierdurch die Conquesten ihme bey Franckreich eins loß gemachet / und dem Vernehmen nach soll S. Sebastian und Fontarabia übergeben werden / da bey Franckreich sich mit Spannien wol verstehen solle / und wiste man mehr Umbstände von diser Verbündung zu sagen / daß der General von Franckreich nach Spannien übergangen / umb daselbst in Dienst als General-Lieutenant zu kommen / nicht ohne Vorwissen von Franckreich geschehen / sondern / daß diser General wol sichere Instructiones mit habe / an Spannien zu überbringen / was aber eigent-

AD 5
ERBHULDIGUNG
1740

Das prächtigste Druckwerk der Offizin Widmanstetter stellt die „Erbhuldigung" von 1740 dar. Die Landstände huldigen Kaiser Karl VI. im Jahr 1728. Für die Nachwelt wurde dies in der 1740 hergestellten Erbhuldigung mit aufwändigen Kupferstichen dokumentiert. Die Festschrift wurde in einer Auflagenhöhe von etwa 700 Stück gedruckt. Es ist davon auszugehen, dass es zwei Einbandvarianten gab, eine Ausgabe in dunkelbraunem Leder, eine zweite in feineres hellbraunes Leder gebunden. Das vorliegende Prunkexemplar kam über Erzherzog Johann in die Steiermärkische Landesbibliothek und war im Besitz von Kaiser Karl VI. Dieses Buch ist in grünen Samt gebunden und mit Gold- und Silberfäden bestickt. Auf der Vorderseite befindet sich der Reichsadler, auf der Rückseite der steirische Panther. Diese letzte steirische Erbhuldigung im Jahr 1728 wurde ausführlich in Wort und Bild festgehalten und von Georg Jakob von Deyerlsperg herausgegeben. Die zwei Stadtansichten aus der Vogelperspektive von Graz sind besonders spektakulär. Es sind spätere Abzüge der Ost-West-Ansichten von Andreas Trost, die dieser in den Jahren 1688/89 (Richtung Westen) und 1703 (Richtung Osten) gestochen hatte.

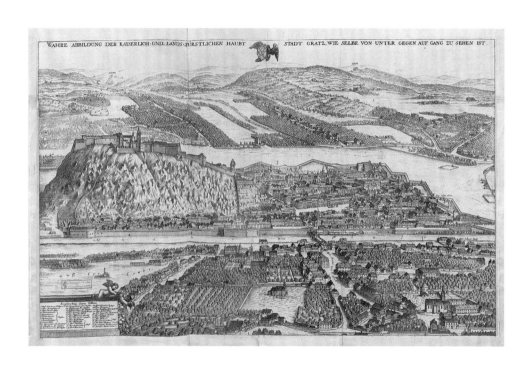

Ost-Ansicht von Graz aus der „Erbhuldigung".

• • •

AD 6
KATHARINA PRATO: DIE SÜDDEUTSCHE KÜCHE…
1858

Bis heute nachgefragt ist das Kochbuch der Katharina Prato: „Die süddeutsche Küche auf ihrem gegenwärtigen Standpunkte, mit Berücksichtigung des jetzt so üblichen Thee's …" von 1858. Katharina Prato (eigtl. Scheiger), geb. Katharina Polt, war in erster Ehe mit Eduard Pratobevera verheiratet, aus dessen Namen sie ihr Pseudonym „Prato" ableitete. Sie wandte sich mit ihrem Kochbuch, das 1858 zum ersten Mal erschienen ist, erstmals explizit an die unbedarfte Köchin.

„Mein Hauptzweck war, es als Leitfaden für Anfängerinen (sic), vorzüglich angehende Hausfrauen, brauchbar zu machen, …"

In leicht verständlichen Anleitungen wurden nicht nur die Rezepte, sondern auch die richtige Behandlung des Geschirrs, Bestecks und Porzellans erklärt. Als zusätzliche Hilfe für die Köchinnen gab es am Ende des Buches auf 20 Seiten ein thematisches und anschließend noch ein alphabetisches Register zum Nachschlagen. Ihrem Kochbuch war durchschlagender Erfolg beschieden, so wurde das Buch in 16 Sprachen übersetzt und nach 50 Jahren bereits zum 43. Mal wiederaufgelegt! Erst 2006 erschien unter dem Titel „Prato. Die gute alte Küche" eine von Christoph Wagner kommentierte und bearbeitete Neuausgabe.

Die

süddeutsche Küche

auf ihrem gegenwärtigen Standpunkte,

mit

Berücksichtigung des jetzt so üblichen Thee's

zum Gebrauche für Anfängerinen sowie für praktische Köchinen

zusammengestellt

von

Katharina Prato.

Von erfahrenen Hausfrauen und einem Zuckerbäcker durchgesehen und verbessert.

Graz.

Druck und Papier von A. Leykam's Erben.

1858.

Die erste Ausgabe der „Süddeutschen Küche …“,
der viele weitere folgten.

AD 7
HEIMGARTEN
1876

Sowohl für „die" Leykam als auch für die Steiermärkische Landesbibliothek nimmt der Autor Peter Rosegger eine bedeutende Rolle ein. Rosegger vereinbarte mit Leykam den Druck seiner Monatsschrift „Heimgarten", hatte aber über die lange Zeit des Erscheinens auch immer wieder seine liebe Not mit der wechselvollen Geschichte des Druck- und Verlagshauses. Repräsentativ für die vielen Jahrgänge des Heimgartens, die bei Leykam gedruckt wurden, wird der 1. Band des 1. Jahrgangs von 1876 gezeigt und die Seite mit dem Herausgeberbrief aufgeschlagen.

Im Oktober 1876 erschien die erste Nummer des ersten Jahrgangs der Zeitschrift der „Heimgarten". Peter Rosegger gab den Heimgarten von 1876 bis 1910 selbst heraus, danach redigierte sein Sohn Hans Ludwig die Monatsschrift. In zahlreichen Beiträgen nahm Rosegger zu gesellschaftlichen Tendenzen, wirtschaftlichen Entwicklungen, politischen Geschehnissen und religiösen Themen kritisch Stellung. Dazu gesellten sich im Laufe der Jahre viele promintente Personen wie Robert Hamerling, Karl May, Viktor von Geramb und Marie von Ebner-Eschenbach, die die volksbildnerische Zeitschrift ebenfalls als Sprachrohr für ihre Ansichten und Meinungen benützten. Anfänglich erschien die Zeitschrift bei Leykam-Josefsthal, danach waren Druck und Verlag bei Leykam in Graz. Von 1925 bis 1934 wurde sie im (Heimat)Verlag Leopold Stocker in Graz und Leipzig herausgegeben, der letzte 59. Jahrgang 1935 erschien wieder im Leykam Verlag, Graz, Wien und Leipzig.

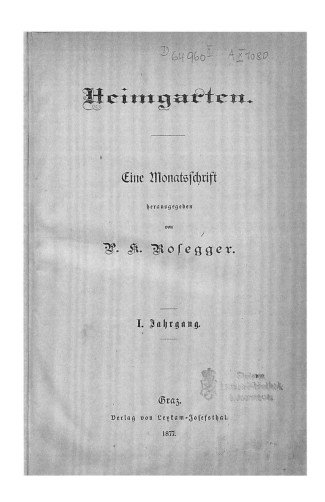

Heimgarten.

Eine Monatsschrift

herausgegeben

von

P. K. Rosegger.

I. Jahrgang.

Graz.

Verlag von Leykam-Josefsthal.

1877.

Jahrzehntelang bei Leykam erschienen:
Peter Roseggers Zeitschrift „Heimgarten".

HERWIG HÖSELE

Der Leykam Verlag
gestern – heute – morgen

Es ist eine eindrucksvolle Liste von Titeln und Autorinnen und Autoren, die bei Leykam und dem Vorgänger Widmanstetter in den letzten 435 Jahren publiziert wurden – und zwar in allen wesentlichen Bereichen des Genres Buch, seien es Kunst und Literatur, Bildung, Religion und Wissenschaft, allgemeines Sachbuch, Styriaca über Geschichte, Land und Leute. Der Verlag war stets stark in der Steiermark verankert und richtete zugleich immer den Blick auf Österreich und die mitteleuropäischen Nachbarländer, den Alpen-Adria-Raum, der zur Zeit der Leykam-Gründung „Innerösterreich" hieß.

Graz erlebte 1585 als Residenz der Habsburger Ländergruppe Innerösterreich, die neben Kärnten weite Teile Oberitaliens inklusive Triest und Slowenien umfasste, seine politische Hochblüte. Der Regent Erzherzog Karl II. und seine Frau Maria von Bayern trieben aber auch die Gegenreformation voran und holten die Jesuiten ins Land, die u. a. die Universität Graz gründeten, denn das geistige Leben der Steiermark war weitgehend protestantisch geprägt. So lehrte z. B. Johannes Kepler an der Schule der protestantischen Landstände und alle „Offizine" (so hießen damals die Werkstätten, die Buchdrucker, Verleger und Buchhändler in einem waren) waren ebenfalls in protestantischer Hand. Der Buchdruck hatte nach der Erfindung durch Johannes Gutenberg die Verbreitung von Nachrichten und Texten in ähnlicher Weise revolutioniert, wie es seit Ende des 20. Jahrhunderts das Internet tut.

Um diese Abhängigkeit von den Protestanten zu beenden, berief der Grazer Hof den 1564 in Nellingen bei Ulm geborenen bayerischen Katholiken Georg Widmanstetter (1564–1618), der in München als Setzer und Korrektor wirkte,

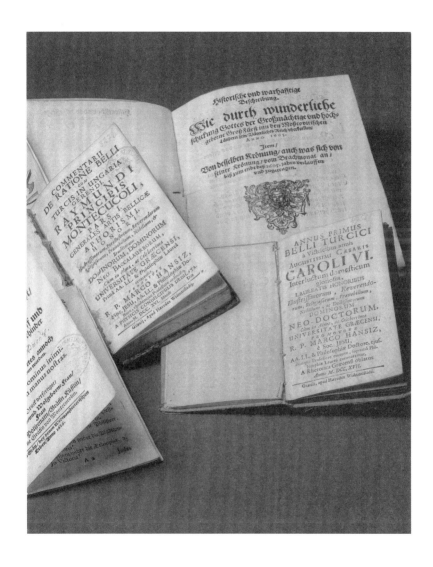

Aus der Offizin Widmanstetter –
Türkendrucke und Relationen.

1585 in die Steiermark. Widmanstetter wurde mit einem Jahresbezug von 100 Gulden und einem Hilfsgeld von 25 Gulden zum Hofbuchdrucker bestellt. Die Geschichte des Leykam Buchverlages hatte damit begonnen.

Im Frühjahr 1586 übersiedelte Widmanstetter endgültig nach Graz und bezog ein von den Jesuiten an ihn vermietetes Haus in der Burggasse. Im selben Frühjahr wurde dem Ordensprovinzial der Jesuiten, der gleichzeitig Rektor war, der von Kaiser Rudolf II. ausgestellte Stiftungsbrief für die Universität überreicht. Rasch entwickelte die Jesuitenuniversität als damals einzige hohe Schule im Südosten der Habsburger Herrschaft große Strahlkraft in diesem Teil Mitteleuropas. Und 1586 erschien auch der erste Grazer Druck Widmanstetters – eine kleine Aktenpublikation, die im selben Jahr auch in Mainz erschienen war, und die sich gegen Verleumdungen des Jesuitenordens wandte. Von Beginn an erfüllte Widmanstetter damit seinen gegenreformatorischen Auftrag und zeigte seine enge Verbundenheit mit den Jesuiten und der von ihnen geleiteten Universität, was sich in zahlreichen Publikationen niederschlug. Dass die Gegenreformation schreckliche, brutale, menschenverachtende und mörderische Züge und Seiten hatte, soll nicht verschwiegen werden (siehe auch den Beitrag von Otto Hochreiter auf Seite 98).

Insgesamt aber liest sich die Liste der Autorinnen und Autoren des Leykam Buchverlages von 1586 bis 2020 wie ein „Who is Who" des Geisteslebens von A bis Z – vom Prediger Abraham a Sancta Clara und Anton Afritsch, dessen Name mit den „Kinderfreunden" untrennbar verbunden ist, bis zur Rechtshistorikerin Anita Ziegerhofer und dem Historiker Walter Zitzenbacher.

RELIGION UND WISSENSCHAFT

Die enge Verbindung mit der Wissenschaft hat das Verlagsprogramm seit Anbeginn wesentlich geprägt.

In den Jahren 1586 bis 1781 wurden bei Widmanstetter rund 2.800 Titel gedruckt, davon etwa 1.460 Drucke in Neulatein, was zeigt, wie eng die Kooperation mit der Jesuitenuniversität war. Es wurden dabei aber nicht nur theologische und philosophische Werke herausgebracht, sondern auch sehr viele zu naturwissenschaftlichen Themen, zu Medizin und Jurisprudenz. Ungefähr 1.210 dieser 2.800 Werke wurden auf Deutsch gedruckt, von den restlichen 130 war die überwiegende Mehrzahl in italienischer Sprache, zumeist handelte es sich dabei um Musikliteratur.

Eine besondere Rarität waren Publikationen des bedeutendsten katholischen Predigers des Barock, Abraham a Sancta Clara (1644–1709), der auch einige Jahre in Graz wirkte und 1683 die Predigt „Wohlriechender Spica-Nardt" (über Abt Bernardus) und 1687 seine lateinische Schrift „Aplausus Sine Grano Salis Ausus" veröffentlichte.

Die Tradition wissenschaftlichen Publizierens wurde im 19. und 20. Jahrhundert fortgesetzt und erweitert – u. a. mit Standardwerken zur Nationalökonomie, Kriminologie und Psychologie – und wirkt auch heute. Natürlich fand auch die Stiftung des Joanneums durch Erzherzog Johann 1811 mit seinen vor allem naturwissenschaftlichen Sammlungen und Forschungen, aus denen auch die heutige Technische Universität Graz (Erzherzog-Johann-Universität Graz) hervorging, Niederschlag im Leykam-Verlagsprogramm.

Für die Montanistische Lehranstalt zu Vordernberg – die Vorläuferin der Montanuniversität in Leoben – kam seit 1842 bei Leykam das „Jahrbuch für den innerösterreichischen Berg- und Hüttenmann" heraus.

Einer der für Leykam in der zweiten Hälfte des 20. Jahrhunderts wichtigsten wissenschaftlichen Autoren war der renommierte Rechtshistoriker Hermann Baltl (1918–2004), der 1957 die Schriftenreihe „Grazer Rechts- und Staatswissenschaftliche Studien" begründete, in der bis einschließlich 2019 68 Bände publiziert wurden. Genaueres erläutern Markus Steppan und Helmut Gebhardt in ihrem Beitrag (siehe Seite 177 ff.).

Aber auch die Rechtshistorikerinnen und Rechtshistoriker der Grazer Karl-Franzens-Universität, die Baltl in seinem Fachgebiet nachfolgten, wie Martin Polaschek, der seit 2019 auch Rektor ist und davor seit 2003 Vizerektor war, und Anita Ziegerhofer publizieren bei Leykam.

Mit Stolz kann den Verlag auch erfüllen, dass einige der profiliertesten Verfassungswissenschaftler Österreichs in den letzten Jahrzehnten gewichtige Werke bei Leykam veröffentlichten, u. a. der langjährige Präsident des österreichischen Verfassungsgerichtshofs Karl Korinek, Bernd-Christian Funk und Gerhart Wielinger, der bis 2006 als Landesamtsdirektor auch der höchste Beamte der Steiermark war.

Der langjährige Vorstand des Instituts für Sozial- und Wirtschaftsgeschichte und Dekan der Sozial- und Wirtschaftswissenschaftlichen Fakultät der Karl-Franzens-Universität Graz und gegenwärtige Präsident des Österreichischen Roten Kreuzes Gerald Schöpfer gehört ebenfalls zu den Leykam-Autoren. Dieser gab u. a. 2015 einen Sammelband zur österreichischen Neutralität heraus, der dieses für die Zweite Republik nahezu identitätsstiftende Konstrukt kritisch beleuchtet.

2006 wurde in enger Kooperation mit der Karl-Franzens-Universität der Grazer Universitätsverlag gegründet. Ein wesentliches Anliegen des Verlages ist es, Forschungsergebnisse und herausragende Hochschulschriften, wie Habilitationen und Dissertationen sowie besonders ausgezeichnete Diplom- und Masterarbeiten unabhängig von der Fachrichtung einer interessierten Öffentlichkeit sowohl im akademischen als auch im außeruniversitären Bereich nahezubringen.

Folgerichtig erschien auch die fundierte Darstellung von Walter Höflechner mit dem Titel „Geschichte der Karl-Franzens-Universität Graz. Von den Anfängen bis in das Jahr 2005" in einer ersten Auflage 2005 im neu gegründeten Universitätsverlag. Zum Jubiläum des 425-jährigen Bestehens der Alma Mater 2009/2010 wurde das Werk in einer zweiten Auflage herausgegeben.

Weiters verlegt und betreut der Leykam Buchverlag noch folgende Reihen: „Grazer Vergleichende Arbeiten" (herausgegeben von Christian und Michaela Zinko), „Grazer Gender Studies" (herausgegeben von Karin Maria Schmidlechner), „Schriftenreihe Industrielles Management" (herausgegeben von Martin Tschandl), „Science.Research.Pannonia." (herausgegeben von der Fachhochschule Burgenland) sowie „Campus 02" (herausgegeben von der FH Campus 02).

KUNST UND LITERATUR

Kunst und Literatur sind seit der Gründung stets eine zentrale Säule des Verlagsprogramms. Große Namen der steirischen und österreichischen Literatur, aber auch der bildenden Kunst finden sich in der Publikationsliste.

In den ersten beiden Jahrhunderten des Verlags erschienen auch große Werke der Musikliteratur, etwa des bedeutendsten Renaissancekomponisten seiner Zeit, Orlando di Lasso (1532–1594). Später wurden auch Textbücher wichtiger Dramatiker und Theatermänner wie August von Kotzebue (1761–1819) und August Wilhelm von Iffland (1759–1814) gedruckt. Johann Wolfgang von Goethe bezeichnete Iffland einmal als bedeutendsten Schauspieler der damaligen Epoche. Der begehrte Iffland-Ring, der auch heute noch vom jeweiligen Inhaber nach dessen Tod testamentarisch an den „besten und würdigsten Schauspieler" weitergegeben wird, erinnert an diesen großen Theatermann. Die letzten Inhaber waren Josef Meinrad (1913–1996) und Bruno Ganz (1941–2019), der ihn dem aktuellen Träger Jens Harzer vermachte.

Im 19. Jahrhundert wurden verstärkt steirische Literaten bei Leykam verlegt, z. B. Johann Nepomuk Ritter von Kalchberg (1765–1827), dem zu Ehren später u. a. der Straßenzug, an den die Steiermärkische Landesbibliothek und das Joanneum anrainen, „Kalchberggasse" genannt wurde.

Der wohl berühmteste steirische Leykam-Autor ist Peter Rosegger (1843–1918). Entdeckt und gefördert wurde er vom Chefredakteur der damals zu Leykam gehörenden „Tagespost" Adalbert Svoboda 1864. Bei Leykam erschienen Originalausgaben wie „Zither und Hackbrett" und „Tannenharz und Fichtennadeln" und insbesondere ab 1876 seine Monatsschrift „Der Heimgarten". Katharina Kocher-Lichem und Markus Kostajnsek berichten mehr darüber in ihrem Beitrag (siehe Seite 20 ff.). Auch im aktuellen Verlagsprogramm finden sich mehrere Titel zu Rosegger wie „Rosegger für Eilige" von Franz Preitler (2018) oder „Peter Rosegger.

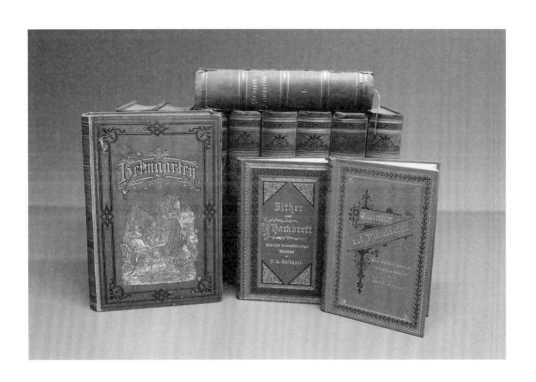

Rosegger-Originale aus dem Leykam-Archiv:
Die ersten Bände des „Heimgarten"
sowie von „Zither und Hackbrett" und
„Tannenharz und Fichtennadeln".

Leben, Werke, Landschaften" von Reinhard Farkas und Jakob Hiller (2018).

In der ersten Hälfte des 20. Jahrhunderts veröffentlichten viele bedeutende Literaten ihrer Zeit bei Leykam. Obwohl manche von ihnen wegen ihrer deutschnationalen Gesinnung und NS-Sympathie inzwischen sehr umstritten sind, sollen sie an dieser Stelle nicht unerwähnt bleiben. Hierzu zählen der Arzt und Mundartdichter Hans Kloepfer (1867–1944), der für das wichtige Grazer Literaturinstitut namensgebende Franz Nabl (1883–1974) mit seinen Lebenserinnerungen „Die zweite Heimat" und „Meine Wohnstätten", Max Mell (1882–1971), dessen Drama „Paracelsus und Lorbeer" 1964 zur Wiedereröffnung des Grazer Schauspielhauses uraufgeführt wurde, der Dichterpriester Ottokar Kernstock (1848–1928) und auch der Kärntner Heimatdichter Josef Friedrich Perkonig (1890–1959). 1952 erschien

der Band „Baruscha" mit Erzählungen von Christine Lavant (1915–1973).

Zum 100-Jahr-Jubiläum der Grazer Oper erschien 1999 ein prächtiger Bild-Textband von Johannes Frankfurter, dem Grazer Kulturjournalisten und langjährigen führenden Mitarbeiter der Bühnen Graz („Welch ein Augenblick! 100 Jahre Oper Graz"). „Faszinosum Theater" nennt sich der zum 50-Jahr-Jubiläum der Wiedereröffnung des Schauspielhau-

Ein Prachtband von Johannes Frankfurter.

Der erste Roman von Valerie Fritsch.

ses Graz 2014 erschienene Band, den ebenfalls Johannes Frankfurter gestaltet und herausgegeben hat.

Auch einer der herausragenden steirischen Lyriker des 20. Jahrhunderts, Alois Hergouth (1925–2002) veröffentlichte bei Leykam. „Schwarzer Tribut" erschien 1958 und 1965 kam jener Gedichtband heraus, der besonders starke Wirkung erzielte: „Sladka Gora. Der süße Berg", illustriert mit Graphiken des steirischen Malers und Kunsterziehers Heinrich Pölzl. Im slowenischen Sladka Gora, in der früheren „Untersteiermark", fand Hergouth, der als Mitbegründer des Forum Stadtpark und der Literaturzeitschrift „manuskripte" eine der zentralen Figuren der steirischen Kulturszene war, eine zweite Heimat und schlug eine Brücke über die leidvollen Grenzziehungen nach den katastrophalen zwei Weltkriegen des 20. Jahrhunderts.

In den letzten Jahrzehnten konnte Leykam insbesondere jüngeren Autorinnen und Autoren zu wichtigen Veröffentlichungen verhelfen, die sie im deutschen Sprach- und Verlagsraum bekannt machten. Oft geschah dies in Kooperation mit dem unermüdlichen Literaten und langjährigen Herausgeber der wichtigen Literaturzeitschrift „Lichtungen" Markus Jaroschka, der selbst mehr darüber in seinem Beitrag berichtet (siehe Seite 101 f.).

Genannt seien hier Andrea Wolfmayr („Damals, jetzt und überhaupt", 2003), Olga Flor („Erlkönig", 2002) und Valerie Fritsch („Die VerkörperungEN", 2011). Weitere wichtige Leykam-Autorinnen und Autoren im Bereich Literatur sind

Gudrun Fritsch („Ich wird fällig", 2016), Janko Ferk („Kafka neu ausgelegt. Originale und Interpretationen", 2019), Margarita Kinstner („Papaverweg 6", 2018), Georg Petz („Der Hundekönig, 2019), Birgit Pölzl „Das Weite suchen", 2013), Sophie Reyer („Teufelchen", 2015) und vor allem Andrea Sailer (zuletzt „Überlebnisse. Gedanken zu Leben und Zeit", 2018). Birgit Pölzl arbeitet derzeit an einem neuen Roman, der 2020 bei Leykam erscheinen wird.

Zahlreiche Autorinnen und Autoren von Leykam wie z. B. Max Mell, Franz Nabl, Alois Hergouth und Valerie Fritsch wurden auch mit dem 1951 geschaffenen Literaturpreis des Landes Steiermark ausgezeichnet.

Im Sinne der Förderung von jungen Talenten wurde 2007 gemeinsam mit „Steiermärkischen Sparkasse" ein Literaturpreis ins Leben gerufen, der mittlerweile „Schreiberei" benannt wurde.

Eine der wichtigsten Autorinnen des Leykam Buchverlages: Andrea Sailer.

Zuletzt ging der Preis 2018 an Margarita Kinstner, er wird im Frühjahr 2021 das nächste Mal vergeben.

Auch viele bedeutende bildende Künstlerinnen und Künstler stehen mit großartigen Bildbänden auf der Publikationsliste von Leykam, etwa die international renommierte Tiermalerin Norbertine Bresslern-Roth (1891–1978 – Christa Steinle, Hg.: „Norbertine Bresslern-Roth. Tiermalerin", 2016), der Mitbegründer der Grazer Sezession

Fritz Silberbauer (1883–1974 – „Italienische Landschaft", 1924), Wilhelm Thöny (1888–1949), Adolf Anton Osterider (1924–2019 – zuletzt „Commedia dell'Arte", 2014) und seine Frau Heide Osterider-Stibor (zuletzt „Malerei als strukturelles Element", 2011) sowie insbesondere auch Gerald Brettschuh (geb. 1941 – zuletzt „Elfter Februar", 2011) und Richard Kriesche (geb. 1940 – Astrid Becksteiner-Rasche: „Richard Kriesche: kunst_quantitativ", 2008).

Zuletzt steuerte die Direktorin des Jüdischen Museums Wien, Danielle Spera, ein Buch über Leben und Arbeit von Hermann Nitsch bei („Hermann Nitsch. Leben und Arbeit", 2018).

Schließlich hat auch das Genre des Kriminalromans einen festen Platz bei Leykam. Als besonders prominente Beispiele seien die Romane Thomas Raabs „Der Metzger sieht rot" und „Der Metzger muss nachsitzen" genannt.

SCHULBUCH UND PÄDAGOGIK

Eine ununterbrochene Tradition des Schulbuchs gibt es im Verlag seit der Theresianischen Schulreform. So wurde bereits 1774 ein Nachdruck der „Allgemeinen Schulordnung für die deutschen Normal-, Haupt- und Trivialschulen in saemmtlichen Kaiserl. Koenigl. Erblaendern" erstellt. Bis in die Gegenwart hinein war und ist der Bereich des Schulbuchs ein sehr wichtiger und auch ertragreicher für Leykam. Rund um das Schulbuch hat sich ein sehr umfassender pädagogischer Verlagsbereich entwickelt, der sich zum einen in Reihen mit der Pädagogischen Hochschule (zuletzt „110 Jahre Lehrer/innenbildung", 2019) und der Kirchlichen Pädagogischen Hochschule der Diözese Graz-Seckau niederschlägt (aktuell Sonja Kienzl-Sturm, Erika Wolfberger: „Achtung – Haltung

reichischen Schulwesens, die zu einigen auch sehr praxisorientierten pädagogischen Werken im Leykam Buchverlag geführt hat (zuletzt: „PISA 2018. Grundkompetenzen am Ende der Pflichtschulzeit im internationalen Vergleich", 2019).

Der „Lehrplan der Volksschule" wird seit 2009 bei Leykam verlegt.

STYRIACA

– Los"), zum anderen in Publikationen zum Ausdruck kommt, wie dem „Lehrplan der Volksschule" (letzte Ausgabe März 2019) und diversen Praxishandbüchern zum Lehrplan der Volksschule (z. B. „Praxishandbuch für Bewegung und Sport", 2014 oder „Praxishandbuch Grundschule für Bildnerische Erziehung", 2015). Zu nennen ist hier auch die seit 2009 fruchtbringende Zusammenarbeit mit dem BIFIE, dem Bundesinstitut für Bildungsforschung, Innovation & Entwicklung des öster-

Styriaca in den verschiedensten Ausformungen gehören zur DNA von Leykam. Der bisher prachtvollste in der 435-jährigen Geschichte des Verlages erschienene Band – die 1740 publizierte „Erbhuldigung" (siehe insbesondere Seite 28) – ist dieser Kategorie zuzuordnen. Aber auch die 1878 erschienene dreibändige Topographie der Steiermark, im Langtitel „Topographisch-statistisches Lexikon Von Steiermark. Mit Historischen Notizen Und Anmerkungen" von Josef Andreas Janisch gehört mit

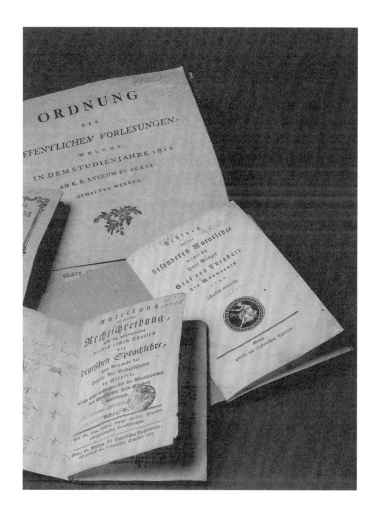

Drucke zum Schulwesen zwischen 1788–1820.

seinen Stichen zu den steirischen Kostbarkeiten.

Dass der prominenteste Steirer der Geschichte, Erzherzog Johann, mit einer Erzählung bei Leykam vertreten ist, unterstreicht ein weiteres Mal die tiefe Verbundenheit des Verlags mit dem Land. Obwohl Johann (1782–1859) in der Toskana – in Florenz – als Sohn des späteren Kaisers Leopold II. und jünge-

*„Der Brandhofer und seine Hausfrau",
Ausgabe 1959 (aufgeschlagen) und 2014.*

rer Bruder des nachfolgenden Kaisers Franz geboren wurde und seine frühe Zuneigung Tirol gehörte, wurde er zum bedeutendsten Reformer der Steiermark, der in vielen Bereichen tragfähige und zukunftsweisende Fundamente schuf, auf denen weitergebaut werden konnte und kann.

In seiner Erzählung „Der Brandhofer und seine Hausfrau" behandelt er den Zeitraum von 1816 bis 1839 und schildert insbesondere seine trotz größter Widrigkeiten unbeirrbare Liebe zur Ausseer Postmeisterstochter Anna Plochl. Darüber hinaus lässt er ein lebendiges Bild seiner Zeit, der steirischen Landschaft und Menschen – oft im schroffen Gegensatz zum Wiener Hof – entstehen. Walter Koschatzky, langjähriger Chef der Neuen Galerie in Graz und der Albertina in Wien, gab anlässlich des vom großen steirischen Kulturpolitiker Hanns Koren 1959 initiierten steirischen

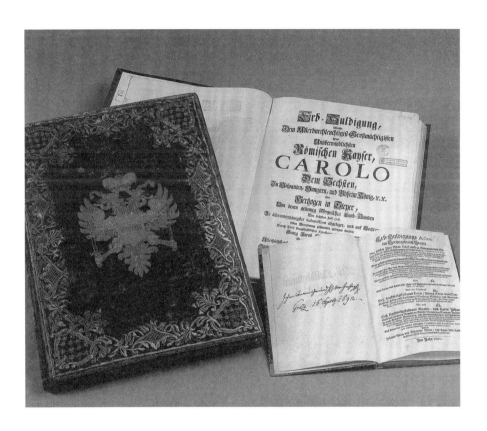

*Der wohl wertvollste und prachtvollste Band
der Verlagsgeschichte: Die 1740 gedruckte und
veröffentlichte „Erbhuldigung".*

Gedenkjahres (und anlässlich des 100. Todestages von Johann) diese Erzählungen mit einer zeithistorischen Kontextualisierung bei Leykam heraus. 2014 erfolgte eine heute noch lieferbare Neuauflage dieses Werks.

Die steirische Geschichte stand immer wieder im Mittelpunkt von Publikationen – etwa auch die 1827 erschienene „Kurzgefaßte Geschichte der Steiermark" von Josef Wartinger (1773–1861). Er war Begründer und erster Leiter des Steiermärkischen Landesarchivs und wurde von Erzherzog Johann mit der Sammlung von Quellen zur steirischen Landesgeschichte beauftragt. Er stiftete 1815 eine Medaille für die besten Schüler, die sich mit Landesgeschichte beschäftigen. Diese Auszeichnung wird noch heute vergeben.

Auch der bedeutende steirische Landeshistoriker und Professor an der Karl-Franzens-Universität Graz Hans Pirchegger (1875–1973), an den u. a. eine markante Büste im Grazer Stadtpark und eine Gedenktafel in der Grazer Wickenburggasse erinnert, veröffentlichte einen Teil seines umfangreichen Œuvres bei Leykam (z. B. „Geschichte der Steiermark", 1949, Reprint 1986).

Eine steirische Pioniertat war auch die Gründung der „Kinderfreunde" 1908. Im Jubiläumsjahr „50 Jahre Kinderfreunde" erschien 1958 bei Leykam das von Anton Afritsch jun. und Bruno Pittermann verfasste Buch „Der Kinderfreund Anton Afritsch", das die für die Kinder- und Jugendarbeit und -betreuung bahnbrechende Tätigkeit des Mitbegründers der Kinderfreunde Anton Afritsch sen. würdigte. Anton Afritsch jun. war übrigens auch Pädagoge und sozialdemokratischer Spitzenpolitiker in der Steiermark, sein Bruder Josef Afritsch war Innenminister, und Mitautor Bruno Pittermann war zum damaligen Zeitpunkt SPÖ-Bundesvorsitzender.

Naturgemäß steht die Landeshauptstadt Graz im Mittelpunkt zahlreicher Publikationen des Leykam Buchverlags – das „Historische Jahrbuch der Stadt Graz" wird genauso verlegt wie zahlreiche Kataloge des Grazer Stadtmuseums, die unabhängig von den Ausstellungen eine äußerst lohnende Lektüre sind, etwa „Brücken – Bäder – Boulevards. Erinnerungen an das alte Graz", 2019, auch „Im Kartenhaus der Republik. Graz 1918–1938", 2018 oder „Lager Liebenau. Ein Ort verdichteter Geschichte", gemeinsam mit dem Ludwig Boltzmann Institut für Kriegsfolgenforschung, 2018.

Eine ganz besonders wichtiges Werk im Verlagsprogramm sind die „Grazer Straßennamen", das der Grazer Stadthistoriker Karl Albrecht Kubinzky gemeinsam mit Astrid Wentner bei Leykam publizierte. Dieses erstmals 1996 aufgelegte Werk erlebte 2019 bereits seine vierte Auflage.

Aber auch die Vielfalt der Natur und Kultur der einzelnen Regionen und Orte der Steiermark ist im Verlagsprogramm von Leykam nahezu flächendeckend abgebildet – z. B. der Erzberg, Mariazell, die Oststeiermark, das Ausseerland oder die Krakau. Zahlreiche Wanderbücher weisen lohnende Wege und Routen durch die steirischen Regionen und auf die steirischen Berge (z. B. Hans Hödl, „Erlebniswanderungen in der Steiermark", 3. Auflage 2015).

Ein Standardwerk: „Grazer Straßennamen".

In einer Kooperation mit der „Steirerkrone" wird das größte österreichische Volkskulturfest des begonnenen 21. Jahrhunderts, das „Aufsteirern" in Graz, in Buchform dokumentiert.

Eine ganze Reihe interessanter Werke über die Steiermark steuerte als Autor auch Johannes Koren bei, der Sohn des legendären steirischen Kulturpolitikers Hanns Koren. Er war langjähriger Pressechef der steirischen Wirtschafts-

Der „Landtag Steiermark" von Josef Riegler, schon mehrfach aufgelegt.

kammer, gilt als Kunstkenner und hat im Leykam Verlag zuletzt das Buch „Persönliche Lebensfäden. Gedanken zu Persönlichem und Aktuellem", 2019 publiziert. Gemeinsam mit dem steirischen Meisterfotografen Christian Jungwirth gab er auch den viersprachigen Band „Steiermark" heraus, der die Schönheiten und Vielfalt des Landes in prachtvollen Bildern präsentiert und inzwischen zum Standardwerk geworden ist.

Hervorzuheben im Bereich der Bildbände ist auch noch der sehr gelungene Bild-Textband über die Steiermark von Gery Wolf, in dem Reinhard P. Gruber 100 Fragen zur Steiermark stellt und darauf 100 Antworten gibt („Steiermark", 2009).

Zu den Styriacas gehört auch der informative Band „Landtag Steiermark. Geschichte und Gegenwart" des Historikers Josef Riegler (1. Auflage 2008, inzwischen sind zwei adaptierte Neuauflagen erschienen).

ZEITGESCHICHTE

Zum Verlagsprofil gehört in hohem Maße auch die Auseinandersetzung mit oft brisanten zeithistorischen Themen. Das Ludwig Boltzmann Institut für Kriegsfolgenforschung in Graz ist dabei ein wesentlicher Partner.

Ein brisantes Thema: Katalog zu einer wichtigen Ausstellung.

Der renommierte österreichische Zeithistoriker und langjährige Leiter des Instituts, Stefan Karner, der 1995 zum österreichischen Wissenschaftler des Jahres gekürt wurde, veröffentlichte 1986 seine bahnbrechende Untersuchung „Die Steiermark im Dritten Reich", der viele weitere Publikationen bei Leykam folgen sollten (zuletzt Stefan Karner und Alexander Tschubarjan, Hg.: „Österreich – Russland. Stationen gemeinsamer Geschichte".)

Diese wichtige Linie setzt Karners Nachfolgerin als Leiterin des Boltz-

mann Institutes, Barbara Stelzl-Marx, übrigens 2019 zur österreichischen Wissenschaftlerin des Jahres gewählt, fort: Publikationen über das „Lager Liebenau", die Geschichte des nahezu vergessenen NS-Zwangsarbeiterlagers, in dem in der letzten Kriegsphase zahlreiche ungarische Juden zu Tode kamen, und die Geschichte des Volksbildungswerks St. Martin („Bildungshaus Schloss St. Martin. begegnen – begeistern – bilden") sind Beispiele aus den letzten Jahren.

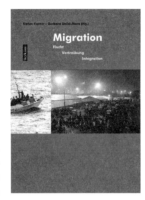

Geschichte verständlich gemacht – Sammelband zum Thema „Migration".

Gemeinsam gaben Karner und Stelzl-Marx den Sammelband „Migration. Flucht. Vertreibung. Integration" 2019 im Leykam Buchverlag heraus.

Elke Hammer-Luza und Elisabeth Schöggl-Ernst gaben 2017 gemeinsam mit der Historischen Landeskommission für Steiermark das sehr erfolgreiche Werk „Lebensbilder steirischer Frauen 1650–1850" heraus. Ähnlich erfolgreich gestaltete sich die „Geschichte der Frauen in der Steiermark von der Mitte des 19. Jahrhunderts bis zur Gegenwart",

verfasst u. a. von der Grazer Historikerin Karin Maria Schmidlechner 2017.

Von Anita Ziegerhofer, Mitautorin dieser eindrucksvollen steirischen Frauengeschichte wiederum stammt das Buch „Ohne Frauenbewegung kein Frauenwahlrecht", 2019, erschienen anlässlich des 100-Jahr-Jubiläums des Frauenwahlrechts in Österreich. 2020 erscheint von Ziegerhofer unter dem programmatischen Titel „Vom Rand ins Zentrum" eine Geschichte der Steiermark ab 1918, wobei dieses Buch insbesondere auch die geopolitische Veränderung der Steiermark nach dem EU-Beitritt Österreichs 1995 und dem Beitritt der Nachbarländer Ungarn, Slowenien und Kroatien nach 2000 reflektiert. In gewisser Weise rückt die Steiermark wieder ins Zentrum Mitteleuropas, das sie in der Habsburgermonarchie, speziell als Residenz Innerösterreichs bereits war, während sie 1918 und 1945 durch die Grenzziehungen „an den Rand gedrängt" wurde.

Einen Teil dieser spannenden steirischen Zeitgeschichte beschreibt auch der langjährige Chefredakteur der „Kleinen Zeitung", Kurt Wimmer, in seiner Biografie über den bahnbrechenden steirischen Kulturpolitiker Hanns Koren (1906–1985), der u. a. das Avantgardefestival „steirischer herbst", das Freilichtmuseum Stübing sowie die Trigon-Ausstellungen initiierte und das Forum Stadtpark entschieden förderte: „Der Brückenbauer: Hanns Koren und seine Zeit (1906–1985). Ein Porträt", 2006.

Der Erfolgsstory der Steiermark ab 1945 widmen sich die beiden Bücher von Herwig Hösele „Die Steiermark 1945–2015. Eine Erfolgsgeschichte", 2015 und „Die Krainers. Eine steirische Dynastie", 2017 über die beiden prägenden Landeshauptleute Josef Krainer senior und junior, die die Geschicke der Steiermark fünf Jahrzehnte von 1945–1995 entscheidend mitgestalteten.

Auch dem Historiker, Bildungspolitiker und SPÖ-Bundesvorsitzenden der Jahre 1983 bis 1988 und Bundeskanzler der Jahre 1983 bis 1986, dem Burgenländer Fred Sinowatz (1929–2008) wurde im Leykam Buchverlag 2013 ein Bildband gewidmet (Georg Pehm, Evelyn Fertl: Fred Sinowatz: Lebensbilder. Ein Fotobuch").

Prägende Politiker:
„Die Krainers".

· · ·

SACHBUCH

Das Sachbuch ist ein wesentlicher und wichtiger Bestandteil des Buchprogramms und soll strategisch vor allem in Zukunft stark ausgebaut werden. Bücher über Entwicklungen in unserer Gesellschaft, Reise- und Naturerlebnisse, Tipps zu Meditation und Entspannung und Motivationshilfen für Gesundheit, Sport, Freizeit und Lifestyle sind der programmatische Rahmen. Aktuell finden sich im Verlagsprogramm etwa ein Werk von Lukas Wagner zur „Die Generation Digital", 2018 oder die Antiraucherfibel von Petra Ruprechter-Grofe und Roman Sander „Ausgeraucht. Mein neues Leben ohne Zigarette", 2019. Mehrere Titel beschäftigen sich mit Managementmethoden, Teamcoaching oder sind Verhaltensratgeber.

Eine besondere Tradition haben im Verlag auch außergewöhnliche Kochbücher. 1686 erschien bei Widmanstetter das erste „Koch- und Artzney-Buch" Österreichs, 1858 bei Leykam die berühmte „Süddeutsche Küche" von Katharina Prato.

Ab 1990 kamen die Kochbücher für Leib und Seel' (5 Bände, geschrieben und herausgeben u. a. von Klaus Edlinger und Christian Jungwirth) heraus, 2009 das „Erzherzog-Johann-Kochbuch von Herta Neunteufel" in einer Bearbeitung und unter Herausgabe des steirischen Starkochs und Kochschulbegründers Willi Haider.

KALENDER

1771 wurde der „Alte Bauernkalender" – auch als „Steirischer Mandlkalender" bekannt – erstmals bei Widmanstetter verlegt. Seine Wurzeln reichen bis ins 15. Jahrhundert zurück. Für die groß-

Der Bauernkalender in den Ausgaben von 1794–1879.

teils analphabetische Bevölkerung diente der Kalender zur Organisation des
täglichen Arbeitsablaufs. Namengebend
sind die „Mandln", bunte Halbfiguren
der weiblichen und männlichen Heili-
gen, die den fortlaufenden Reigen der
Monatstage und Wetterzeichen bilden.
Kleine Bildzeichen stehen für Regen,
Sonne, Donner, Blitz, Mondphasen und
vieles mehr. Der beliebte „Mandlkalender" wurde bis 1982 bei Widmanstetter
bzw. Leykam verlegt, seit der damals
erfolgten Dezentralisierung erscheint er
bei der „Leykam Alpina".

ZEITUNGEN

Seit 1593 wurden vier Jahrhunderte
hindurch Zeitungen unterschiedlicher
Provenienz im Verlag gedruckt. Auf der
Titelseite steht „Newe Zeitung" – „Ge-
druckt zue Graetz in Steyer / bey Georg
Widmanstetter." Als ein weiteres Bei-

spiel sei auf die „Grätzerisch Europäische Zeitung" von 1721 verwiesen (siehe auch Seite 26). Eine ganz besondere
Tradition wurde mit der erstmals am 17.
Jänner 1856 bei Leykam erscheinenden
national-liberalen Tageszeitung „Tagespost" begründet, die unter unterschiedlichen Eigentümern bis 1987 erschien.
So diente sie zwischen 1938 und 1945
als das offizielle NS-Gauorgan und war
in der Zweiten Republik bis zu ihrer
Einstellung im Besitz der Volkspartei.
Für Peter Rosegger hatte die Tagespost
eine ganz besondere Bedeutung – veröffentlichte doch der damalige Chefredakteur Adalbert Swoboda erstmals
seine Texte und förderte den begabten
„Waldbauernbuam".

Nach 1945 druckte Leykam alle drei
Tageszeitungen der Parteien, die „Tagespost" (ÖVP), „Neue Zeit" (SPÖ) und
„Wahrheit" (KPÖ) bis zu deren Einstellung und seit den 1980er Jahren auch

Eine ehemals wichtige Sparte bei Leykam:
der Zeitungsdruck.

die Steiermark-Ausgabe der „Neuen Kronenzeitung", bis diese in den 2000er Jahren ihren Druck nach Wolfsberg übersiedelte.

Die Parteitageszeitungen – die „Neue Zeit" stand nach 1945 auch im Eigentum der Leykam – waren im Laufe der Jahre durch die Konkurrenz der unabhängigen Medien schwer defizitär geworden. Die „Tagespost" wurde 1987 von der Steirischen Volkspartei eingestellt, die „Neue Zeit" wurde zwar weiter bei Leykam gedruckt, aber den Mitarbeitern übereignet, ehe auch sie im Jahr 2001 ihr Erscheinen einstellen musste.

Eine große Geschichte des Zeitungsverlags und Zeitungsdrucks ging also in den 2000er Jahren zu Ende.

GRUNDFRAGEN DER GESELLSCHAFT

Die Auseinandersetzung mit Grundfragen von Zeit und Gesellschaft war und ist integraler Bestandteil des Verlagsprogramms – sei es in Schriftenreihen, sei es in einzelnen Büchern.

Die wohl wichtigste bei Leykam erschienene Schriftenreihe in der zweiten Hälfte des 19. Jahrhunderts und in der ersten Hälfte des 20. Jahrhunderts ist der von Peter Rosegger gegründete „Heimgarten", in dem sich neben dem großen steirischen Dichter prominente Autoren mit vielen brennenden Fragen der Zeit beschäftigen. Diese betrafen die Sozial- und Arbeitsbedingungen genauso wie Probleme des Umwelt- und Naturschutzes (manche bezeichnen Rosegger daher auch als „frühen Grünen"). In der seit 1985 bei Leykam erscheinenden Zeitschrift „WAS", deren wesentlicher Spiritus rector und Motor der

Eine Ausgabe von „WAS" 2019.

schaftspolitischen Diskurs, den der Landtag Steiermark mit Spezialveranstaltungen seit 2017 pflegt.

Eine weitere wichtige Plattform dieses Diskurses wurde mit den „Streitschriften" geschaffen, denen ein eigener Abschnitt gewidmet ist.

Der bekannte steirische Soziologe und Essayist Manfred Prisching veröffentlichte eine seiner treffenden Zeitdiagnosen im Leykam Buchverlag („Fairness als Ressource. Kann man ehrlich kommunizieren?", 2013). Auch der renommierte Zeithistoriker und frühere Rektor der Karl-Franzens-Universität Graz, Helmut Konrad, legte eine Auswahl seiner sonntäglich im ORF geäußerten Ansichten („Meine Gedanken zur Zeit", 2016) in Buchform vor.

bekannte steirische Wirtschaftswissenschaftler Michael Steiner ist, findet diese kontinuierliche und fundierte Auseinandersetzung mit „großen Fragen" ihre Entsprechung in den letzten Jahrzehnten. Zu Wort kommen darin ebenfalls bedeutende Autoren und nunmehr – im Unterschied zu Roseggers Zeit – auch verstärkt bedeutende Autorinnen (siehe auch Seite 172 ff.).

Die „Land.Haus.Gespräche" mit dem Subtitel „Menschenrechte im Fokus" wiederum dokumentieren den gesell-

Die Bedeutung eines qualitätsvollen und unabhängigen Journalismus für

Demokratie und Gesellschaft unterstreichen die Buchveröffentlichungen wichtiger steirischer Publizisten, wie jene des früheren Chefredakteurs der Kleinen Zeitung, Fritz Csoklich (1929–2009), des Mitglieds der Chefredaktion der Kleinen Zeitung, Ernst Sittinger, des langjährigen ORF-Journalisten Klaus Edlinger oder des Leiters des Studiengangs Journalismus an der Fachhochschule Joanneum in Graz, Heinz M. Fischer.

Ein Thema, das bewegt!

STREITSCHRIFTEN

Eine junge Sparte des Leykam Buchverlages ist die 2014 begonnene Reihe „Streitschriften", in der, initiiert von Herwig Hösele, mehrmals jährlich profilierte österreichische Autorinnen und Autoren pointiert zu brisanten Themen Stellung beziehen, um einen notwendigen weiterführenden Diskurs zu befeuern. „Streitschriften" lieferten bisher u. a. der langjährige Chefredakteur der „Presse" und Blogger Andreas Unterberger („Schafft die Politik ab!", 2014), die Chefredakteurin des „Kurier" Martina Salomon („Iss oder stirb(nicht)!", 2014), der langjährige Top-Journalist der „Kleinen Zeitung" Hans Winkler und der führende EU-Parlamentarier Othmar Karas („Europa am Ende?", 2017 bzw. von Hans Winkler „Herausforderung Migration", 2015), der Innenpolitik-Redakteur der „Salzburger Nachrichten" Alexander

Purger („Nieder mit dem Zentralismus!", 2015), der Publizist Wolfgang Kühnelt („Nachspielzeit. Die sieben Todsünden des österreichischen Fußballs", 2016) und der renommierte Vertreter der österreichischen Schule der Nationalökonomie Rahim Taghizadegan („Geld her oder es kracht! Was jede(r) über Geld jetzt wissen muss!", 2019).

HERAUSFORDERUNGEN UND CHANCEN EINES GEWALTIGEN STRUKTURWANDELS

In den letzten Jahrzehnten des 20. Jahrhunderts und verstärkt im 21. Jahrhundert machten und machen sich ein gewaltiger Strukturwandel und gigantische Umwälzungen im Medienwesen bemerkbar, für die gerne Begriffe wie digitale Revolution und Disruption verwendet werden.

Bereits vor dem digitalen Siegeszug kam es zu enormen Konzentrationsprozessen im Bereich der Printmedien, des Verlagswesens und des Buchhandels. Die den Parteien gehörenden oder nahestehenden Tageszeitungen wurden eingestellt, viele Verlage wurden fusioniert oder stillgelegt, im Buchhandel dominieren die großen Ketten. Der große deutschsprachige Markt wird zulasten österreichischer Anbieter immer mehr von in der Bundesrepublik Deutschland ansässigen Unternehmen dominiert. Spezialisierung, die Suche nach einem USP und nach Marktnischen sind daher für im internationalen Maßstab kleinere Verlage angesagt. Daran orientiert sich in besonderem Maße auch Leykam.

Vielfach wird behauptet, dass das Internet, das Smartphone und das Tablet das Buch und die Zeitung in gedruckter Form überflüssig machen, so wie den Printmedien bei Einführung des Fernse-

* * *

hens der rasche Niedergang prophezeit wurde.

Richtig ist, dass diese Veränderungsprozesse gewaltige Herausforderungen bergen und dass der, der in diesem Wettstreit erfolgreich bestehen will, sich verändern und weiterentwickeln muss. Es gilt aber auch im Digitalzeitalter das bereits 1913 formulierte „Rieplsche Gesetz der Komplementarität der Medien". Der deutsche Journalist und Altphilologe Wolfgang Riepl formulierte in Bezug auf das Medien- und Nachrichtenwesen in seiner Dissertation wörtlich, „dass die einfachsten Mittel, Formen und Methoden, wenn sie nur einmal eingebürgert und brauchbar befunden worden sind, auch von den vollkommensten und höchst entwickelten niemals wieder gänzlich und dauernd verdrängt und außer Gebrauch gesetzt werden können, sondern sich neben diesen erhalten, nur dass sie genötigt werden können, andere Aufgaben und Verwertungsgebiete aufzusuchen."

Was bedeutet das? Zur Weiterentwicklung im Buch- und Verlagswesen gehören sicherlich der multimediale Auftritt mit Hörbüchern, E-Books, Podcasts, Autorenvideos und die Präsenz auf den diversen Internetplattformen und in den sozialen Medien. Wege, die vielfach auch schon mit Erfolg beschritten wurden – auch von Leykam (siehe www. leykamverlag.at, Facebook, Instagram).

DAS BUCH IST UND BLEIBT UNVERZICHTBAR

Aber auch angesichts der unabdingbar notwendigen Integration der neuen Vertriebskanäle und Plattformen gilt unverändert für die Zukunft: Die Grundkompetenz des Buches wird und muss überdauern: So ist es für viele Menschen ein als unverzichtbar empfundenes haptisches Erlebnis, ein gedrucktes Buch in Händen zu halten.

Viel wichtiger aber ist die Wirkkraft des Lesens. Das Internet und die Suchmaschinen sind für die rasche Information wahrscheinlich unschlagbar. Wer aber längere zusammenhängende Texte lesen will, der wird zum Buch in all seinen Erscheinungsformen und Ausprägungen greifen. 2014 fanden sich 130 Forschende aus ganz Europa zum Netzwerk E-READ zusammen und veröffentlichten unter dem Titel „Stavanger Erklärung" als Ergebnis ihrer Untersuchungen über die Unterschiede zwischen der Lektüre auf Papier und auf digitalen Endgeräten, in der es u. a heißt : „Die Forschung zeigt, dass Papier weiterhin das bevorzugte Lesemedium für einzelne längere Texte bleiben wird, vor allem, wenn es um ein tieferes Verständnis der Texte und um das Behalten geht. Außerdem ist Papier der beste Träger für das Lesen langer informativer Texte. Das Lesen langer Texte ist von unschätzbarem Wert für eine Reihe kognitiver Leistungen wie Konzentration, Aufbau eines Wortschatzes und Gedächtnis. Daher ist es wichtig, dass wir das Lesen langer Texte als eine unter mehreren Leseformen bewahren und fördern. Da das Bildschirmlesen weiter zunehmen wird, müssen wir dringend Möglichkeiten finden, das tiefe Lesen langer Texte in Bildschirmumgebungen zu erleichtern. (…) Eine Metastudie von vierundfünfzig Studien mit zusammen mehr als 170.000 Teilnehmern zeigt, dass das Verständnis langer Informationstexte beim Lesen auf Papier besser ist als beim Bildschirmlesen, insbesondere wenn die Leser unter Zeitdruck stehen."

Bei richtiger Betrachtung gibt es zwischen dem Buch und dem digitalen Angebot also kein Entweder-oder, sondern

* * *

nur ein Sowohl-als-auch. Es gilt mit klugen Strategien die Chancen des Internets mit den Vorzügen des Buches und gedruckten Wortes zu verbinden.

Das ist natürlich zuallererst eine große Aufgabe für das Bildungswesen, speziell in der Schule und im Elternhaus. Sinnerfassendes Lesen ist mehr denn je gefordert. Diese fundamentale Kulturtechnik verliert nichts von ihrer Bedeutung. Im Gegenteil: „Es spricht alles dafür, dass heute mehr Kinder mit mehr Text als jemals zuvor konfrontiert werden. Zwar meist ‚nur' am Smartphone. Aber diese neue Alltagswichtigkeit des Lesens ist eine hervorragende Basis, um diesen Kindern mit Begeisterung die großen, formenden Erzählungen näherzubringen, die Literatur bietet", stellte im November 2019 ein Kulturjournalist in einem Kommentar in einer führenden österreichischen Tageszeitung fest. Der Haupttitel des umfassenden Beitrages lautete: „Lust am Lesen: Wie uns Bücher verändern." Und in der Einleitung heißt es: „Wir leben in einer digitalen Welt, aber der Buchhandel verzeichnet wieder steigende Umsätze. Gut so, denn Lesen steigert unsere Merkfähigkeit, Empathie und Lebensdauer, zeigen Studien." Von einer um sich greifenden Buchverdrossenheit könne keine Rede sein. Studien zur Mediennutzung in Österreich belegen, dass Kinder und Jugendliche tatsächlich genauso gern zum Buch greifen, wie noch vor 20 Jahren. Statt modisch larmoyantem Kulturpessimismus zu frönen, der lähmend wirkt, gilt es, die neuen Möglichkeiten mutig und mit realistischem Optimismus zu ergreifen – im Bewusstsein der Conditio humana und der berechtigten Zuversicht, dass sich Qualität immer durchsetzen wird.

Hat das Internet den Vorteil der Schnelligkeit, die manchmal auch Flüchtigkeit und Oberflächlichkeit bedeutet, so bringt die Lektüre eines Buches Nachhaltigkeit und Tiefgang und fordert und fördert Konzentration. Das Abenteuer Lesen, das Bücherlesen erweitert den Horizont, stärkt die Sprachkompetenz, fordert die kritische Reflexion heraus, regt die Phantasie an und entführt in neue Welten.

NEUER AUFTRITT

In diesem Sinne will und wird der Leykam Buchverlag agieren und der Zukunft des Lesens dienen: „Global denken, regional handeln" könnte als Motto gelten, das heißt mit starker regionaler Verankerung, aber nicht provinziell, sondern mit wachem Blick auf die Fragen von Zeit und Welt agieren, im Bemühen ein qualitätsvoller geistiger Nahversorger mit überregionaler Strahlkraft zu sein. Heimatverbundenheit und Weltoffenheit, Traditionsbewusstsein und daraus erwachsende Innovationskraft und -freude sollen die Leitlinien sein.

Ein neuer grafischer Auftritt zum Jubiläumsjahr des Leykam Buchverlages 2020, der sowohl anhand der Implementierung einer neuen Homepage als auch der Modernisierung der Cover-Gestaltung sichtbar ist, unterstützt aktuell die zukunftsorientierte Ausrichtung. Großer Wert wird auch auf wegweisende Marketingmaßnahmen gelegt, die neben einer intensiven Nutzung von Social-Media-Kanälen wie Facebook und Instagram auch verfilmte Interviews mit Autorinnen und Autoren sowie Herausgeberinnen und Herausgebern umfassen. Inhaltlich orientiert sich der Verlag bei der Auswahl der Publikationen an topaktuellen gesellschaftlichen Trends, prägenden wissenschaftlichen Erkenntnissen und gegenwärtigen literarischen und künstlerischen Strömungen.

* * *

Dank hochwertiger Publikationen und einem ausgezeichneten Service für Leserinnen und Leser sowie Autorinnen und Autoren in Verbindung mit gezielten Marketingmaßnahmen präsentiert sich der Leykam Buchverlag als moderner, serviceorientierter Verlag mit einem zunehmend attraktiven Content-Angebot.

Der Leykam Buchverlag will und wird mit Geschichte in die Zukunft blicken und einen fundierten und qualitätsvollen Beitrag zum gesellschaftspolitischen Diskurs und zur österreichischen und steirischen Identität und Kultur leisten.

Der Autor dankt Verlagsleiter Wolfgang Hölzl für zahlreiche wichtige Informationen, die in diesen Beitrag eingeflossen sind.

Quellen:
Theodor Graff und Stefan Karner: Leykam. 400 Jahre Druck und Papier. Zwei steirische Unternehmen in ihrer historischen Entwicklung
Karlpeter Elis: Steirische Druckgeschichte
www.druckmuseum.elis-Management.com
www.leykamverlag.at
www.facebook.com/leykamverlag
www.instagram.com/leykamverlag

Ad multos
annos librosque

Persönlichkeiten aus allen Bereichen des öffentlichen Lebens,
insbesondere auch Autorinnen und Autoren des Leykam Buchverlages, formulieren Glückwünsche und Statements, darunter auch
Beiträge aus der Malerei und der Fotokunst. Die pointierten
Beiträge ergeben ein farbiges und aussagekräftiges Gesamtmosaik
zu Buch und Verlag in Geschichte, Gegenwart und Zukunft.

GERALD BRETTSCHUH

Von Gutenberg zum Digitalvandalismus

Die Maus ist klein,
größer das Wildschwein.
So, will ich, soll es weiter sein.
(G.B., Aufzeichnungen I, Leykam 1996)

Der Zauberlehrling wollte auch, dass das Übergehen des Wassers ende. Wieviel seit Goethezeiten überging, fassen nicht sämtliche Kuhhäute Argentiniens, seit dort Rinder auf den Pampas sind und furzen. Da taucht endlich (ist es nie zu spät?) eine Jungfer aus dem Norden auf und marschiert, redet, beschuldigt.

So wie ich, seit ich schreiben und lesen lernte, mit diesen Künsten, damit lesend, schreibend, zeichnend, mein Leben gestaltete, gestalten seit Jahrzehnten allzu wenige damit ihr Leben, das einzige, einmalige, das sie haben.

Alle machen sie mit, die smartesten Smartphones, laufend immer noch smarter gemacht, sind gerade richtig, um die Millionen von Bolivien bis Berlin, Peking bis Bratislava, happy sein zu lassen. Die Pest „of our modern times" ist das.

>Da Furtschritt is a Hund< (Helmut Qualtinger).

Der Fortschritt, Digischritt, Digilauf, Digigalopp hat Bolivianer* und Brüsselianer in der Hand.

Aufsteigender Ärger (er stieg, während ich das schreibe, auf) lässt mich hier jetzt aufhören. Nur noch: J. W. v. Goethes Satz als Frage leicht abgeändert: Werden wir die gerufenen Geister los oder geht unser Galopp geradeaus in den Abgrund?

PS:
Roger Hallams Buch „Common Sense" (Ullstein Verlag) hätte am 27.11.2019 ausgeliefert werden sollen, wurde es aber nicht. Deshalb bestellte ich gerade bei Shakespeare & Company das Original: Common Sense for the 21st Century.
Hallam sagt: Nur eine weltumfassende Revolution friedlicher Art könne die Welt vom Verbrennen retten.
Die Abrechnung eines Malers und Briefschreibers, eingeladen von Leykam, sich zu äußern, mit dem seelenlosen Digitalismus.

*stellvertretend für alle armen Länder der Welt

GERALD BRETTSCHUH
Wohin?
(Kaltnadelradierung, 2012)

HELWIG BRUNNER

kleine ontologie des buches

ein buch ist für mich eine art schaufel, mit der ich mich umgrabe, schreibt martin walser. ein buch ist für mich eine axt, die fällt, was der fall ist. ein buch ist ungehobelt, bis späne fallen. ein buch ist eine kleiderbürste, eine badewanne, ein dampfdruckreiniger. ein buch ist das licht, das mir auf seite soundso aufgeht. ein buch ist ein bewegungsmelder, ein suchscheinwerfer, eine unsicherheitsschleuse. ein buch ist relative zeit und absolute gegenwart. ein buch ist ein flaschenhals, aus dem das bouquet geheimer wünsche steigt. ein buch ist märchenhaft. ein buch, das nicht rotkäppchen ist, ist der böse wolf. ein buch hat steine im bauch. ein buch ist die erinnerung meines körpers an sich selbst. ein buch ist der kuss eines fremden, den ich schon ewig kenne. ein buch ist der kuss einer vertrauten, der ich noch nie begegnet bin. ein buch ist, frei nach julian schutting, eine übersetzung des einen buches, das es nur in übersetzungen gibt. ein buch ist, was ich hineinschreibe, ein buch ist, was ich herauslese. ein buch ist ein beispiel dafür, was das buch ist. was im buch steht, lässt sich in nullen und einsen sagen. was das buch ist, steht auf einem anderen blatt.

KLAUS BRUNNER

As times go by …

Die Schatten beginnen zu wachsen, Feuerwanzen auf der Suche nach Fressbarem oder auch einem Kopulationspartner bzw. -partnerin wandern trotz der noch brütenden Hitze hin und her. (Manche haben schon gefunden). Geschäftiges Treiben auf der Terrasse und dennoch rührt sich wahrnehmbar – fast – nichts. Erinnerungen kommen und gehen, gemächlich, schleppend, hitzeerfüllt.

Irgendwann, gegen Ende der Achtziger, ein ziemlich junger, quasi frischg'fangter Verlagsleiter. Geht nicht gibt's nicht – oder so ähnlich. Und da war doch das Projekt einer Geschichte unserer Stadt Graz, das schon der Vorgänger nicht gestemmt hat. Also herbei mit all den großen Köpfen der Geschichtsschreibung, Staatsangestellte an der Uni Graz in der Mehrzahl, jeder für sich ein Star oder so. Da sitzen sie dann, rund herum um den riesigen Besprechungstisch und barbusige barocke Gipsdamen betrachten die illustre Gesellschaft stoisch von der Decke aus, das Verlagshaus damals noch im Palais Kazianer, Barock vom Feinsten. Was folgt, sind zähe zwei Stunden, in denen alle Argumente von all den großen Köpfen vorgebracht werden. Lange Sermone, kurze Statements, warum eine Geschichte der Stadt Graz so nicht und anders auch nicht, eigentlich niemals verfasst werden kann. (Konnte dann aber doch, 20 Jahre später, als Auftrag der Stadt Graz, ein Herausgeber, keine Verlagsbetreuung, dem Vernehmen nach ein veritabler Verkaufsflop.) Was blieb dem Frischg'fangten von diesem Almauftrieb? Die Erkenntnis, dass die unerreichbar hohen

Herren von der Uni, noch vor wenigen Jahren für den unbedarften Studiosus ferne Götter, Menschen, einfach nur Menschen sind.

Einzeln sind sie dann zurückgekommen an den großen Besprechungstisch. Jeder für sich, jeder mit anderen Publikationsüberlegungen, manchmal betreffend die Geschichte von Graz, mehrheitlich mit anderen Projekten: „Herr Kollege, ich hätte da eine Idee ...“

Und die blutroten, unermüdlichen Feuerwanzen? Die Waldameise, vor der Nachtruhe noch auf Suche nach – nach irgendetwas. Sie lassen sich nicht beirren. Schwarz wie Rot ziehen sie ihre Kreise, sich der nahenden Dämmerung bewusst. Blaue sind selten bei den Insekten, grüne auch.

Einfach nur Menschen. Apropos Mensch und apropos schwarz. Wir befinden uns gegen Ende des vorigen Jahrhunderts, was weniger lange zurückliegt, als es sich liest. Ein Kirchennaher, trotz der Neunziger bei Pius XII stecken geblieben, verfasst ein Gutachten zu einem Biologielehrbuch, das für die vierte Klasse Mittelstufe eingereicht ist. Im Zentrum des Inhalts: der Mensch. Und der verdaut. Das Ergebnis laut eingereichtem Buch: „Kot“. Der Kampf des Kirchennahen gegen das seiner Einschätzung nach moralerschütternde, grün-rote Lehrbuch war ein langer und zäher. Hinsichtlich des Verdauungsergebnisses bestand er, mit dem Argument „weil menschlich, nicht tierisch“, auf „Stuhl“. Da hat er sich durchgesetzt. Das Buch konnte er nicht verhindern.

Es waren doch viele Jahre, wo bleiben die Erinnerungen? Ist das Gedächtnis kürzer als mittlerweile die Schatten? Das krabbelnde Kleingetier, rot, schwarz oder wie auch immer, ist verschwunden, erste Nachtkerzen blühen auf. Gelb im Überfluss dort, wo gerade noch nur Abgeblühtes welkte.

Das Gelb der Blumen vermischt sich mit den Nachrichten, die dringen durchs offene Fenster nach draußen. Gilets jaunes überwunden, napoleonische Züge, unerträgliche Machtpolitik. Nachrichten eben. Der Fernseher läuft, schafft Ambiente, so eine schwiegermütterliche Einschätzung dieser phongesteuerten Luftverschmutzung. Schönes Ambiente mit Kim und Trump und Salvini und Orban …

Nachrichten, Wirtschaftsmeldungen: Schon lange nichts mehr gehört, wie es der Branche geht. Erinnerlich mehr kränkelnd denn boomend. Leider. Jahrelang wurde Rückgang vermeldet, insbesondere für den niedergelassenen Buchhandel. Ein Wunder, dass es ihn noch gibt. Gibt's ihn noch? Leuschner & Lubensky, Kienreich, Pock, Leykam. Alle verschwunden, nicht nur aus der Innenstadt. Aber Amazon geht's prächtig, hört man, und Bezos lässt sich scheiden. Teuer. Da wird's schon gut sein, dass es Amazon prächtig geht. Sonst gibt's Jubelmeldungen immer nur um die Weihnachtszeit. Weniger wegen Christkind und so, vielmehr um durch schöngefärbte oder einfach schön klingende Meldungen die Kauflust für Bücher doch noch anzuregen.
Wer an solche Dinge denkt, sich erinnert, der braucht ein Gläschen. Der Abend ist da, die Amsel auf dem Hausdach verteidigt, mit penetranter Inbrunst singend, ihr Revier. Erste Gelsen schwirren umher, der Wein fließt plätschernd ins Glas. Rosé, weil es für rot zu warm ist.

Als Pensi bist du draußen, heißt's. Und das ist gut so. Denn nur so lässt es sich veritabel jammern übers Heute, das Gestern, über die gute alte Zeit, die verflossen ist, aber vielleicht gar nicht so super war. Dazu gabs früher nie Gelegenheit, weil dazu etwas fehlte: die Zeit. Aber obs früher wirklich besser war? All die Jahre mit bangem Blick auf die Umsätze, dann auf die sich zusammenbrauende Bilanz. Wo noch am ehesten was „drin" war, das war das Schulbuch. Doch diese Zeiten, so hört man, sind eher auch schon vorbei. Und die richtigen Cash-Cows, die Schulbuchverlage, die feine Gewinne machen, die sind längst an die Freunde aus Deutschland verscherbelt. Und die sollen sich auch nach Jahren noch wundern, warum die Adaptionen deutscher Schulbücher am österreichischen Markt nicht so recht gefragt sind. Vielleicht liegt's ja daran, dass z. B. die Geschichtsschreibung beider Länder doch ein wenig differiert?

Ein gutes Jahr, das war meist eines, in dem die Unterstützungen entsprechend geflossen sind. Da ein Druckkostenzuschuss, dort ein Preis. Sonst: finster. Gering der Trost, dass es anderen in der Branche nicht besser geht. Umso unvergesslicher der köstliche Kollege beim Ministerin-Empfang anlässlich der Frankfurter Buchmesse: Er ganz allein sei in der Lage, ordentlich positiv zu bilanzieren, denn er sei DER Verleger, der wisse, wie der Hase läuft, beste literarische Qualität sei die Voraussetzung, innovatives Marketing der Schlüssel. Der jährliche Bericht des zuständigen Ministeriums für Verlagsförderung brachte es dann zu Tage: Der gute Mann hatte mehr Verlagsförderung erhalten als Umsatz gemacht. Dafür war seine Produktion erste Sahne, was den literarischen Anspruch betrifft – was immer das ist. Da konnte unsereins nicht mit. Und daher wars auch nichts mit der Förderung. Wieder eine maue Bilanz.

Noch einmal schweift der Gedanke zurück: Bleisatz gerade erst passé, auf der Uni machen sich erste Leute, niedere Chargen versteht sich, ein o. Univ.-Prof. gibt sich mit so etwas niemals ab, an selbstgestrickte

Umbrüche. Damit die Kosten für die Publikation in den Griff zu kriegen sind. Manuskripte heißen da nur noch so (und heute noch immer?), sind aber, zum Glück, jedenfalls Typoskripte, dank der guten alten Schreibmaschine. Ist alles noch nicht so lange her. Jetzt läuft der Hase angeblich so: Dateien, also Texte erstellen, damit eine geniale Maschine füttern, die alles kann: Umbruch, Druck, Bindung – und fertig ist das Buch. Zusammengefasst: vorne Text rein, hinten Buch raus. Autor was willst du mehr? Verlag, was willst DU da noch? Manche Dateien sollen sich übrigens verirren und als Bücher (?) im Netz zum Downloaden (schreibt man das so auch auf Deutsch?) bereitliegen.

Vielleicht stimmt's so nicht ganz, vielleicht ist das auch nicht mehr der letzte Stand. (In Bälde ganz sicher nicht.) Vielleicht gehen die Daten heute schon parallel an Amazon als Hörbuch oder eBook, ins Titel-Verzeichnis, zur Bestellung bereit, als Impulsgeber für einen weiteren Druck on demand an die Druckmaschine. Und als Exzerpt an den Buchhändler, verbunden mit der Konditioneninformation betreffend die Handelsspanne. Hoffentlich geht da nichts schief, und die Konditioneninfos landen beim Letztverbraucher, beim Leser, beim Kunden, beim …

Es soll tatsächlich stimmen, was ich da unlängst aufgeschnappt habe: Die Vertreter, diese selbsternannten Sterne am Himmel des Buchwesens, diese Halbgötter, die Verlagsprogramme zu fördern oder zu vernichten in der Lage waren, diese Spezies sei vom Aussterben bedroht. Bedroht durch Info-Datensätze ab Verlag an die Verantwortlichen, an die Chefeinkäufer der großen Buchhandelsketten zum Zwecke der Verkaufsförderung. Ich halte das für ein Gerücht. Aber da man nie wirklich wissen kann, trinke ich mein Glas aus – und gehe schlafen.

CHRISTOPHER DREXLER

Die Digitalisierung als Fundamentaltransformation unserer Gegenwart …

… hat in den vergangenen Jahrzehnten unser Leseverhalten grundlegend verändert und gilt seit der Erfindung des Buchdrucks als einschneidendste mediengeschichtliche Revolution. Wir leben in einer Wissensgesellschaft – einem Zeitalter, in dem Informationen in atemberaubender Fülle und Geschwindigkeit verfügbar sind und sich Printmedien zugunsten von digitalen Leseangeboten einem massiven Rückgang ausgesetzt sehen. Vergessen wir dabei jedoch nicht den Wert eines gedruckten Buches und die Haptik des Blätterns – ein Buch tatsächlich in Händen zu halten, ist eine Form von Echtheit, geradezu Greifbarkeit im wahrsten Sinne des Wortes, die die Virtualität der digitalen Welt in dieser Form nicht bieten kann. Denn das Wesen des Buches besteht letztendlich nicht nur in seinem Informationswert, sondern auch in seiner Eigenschaft als Liebhaber-Gegenstand, als Teil unserer Kultur, den es zu erhalten gilt.

BEATRICE ERKER

Mit Stolz

```
L E S E L U S T
V I E L S E I T I G
      S Y M P A T H I S C H
      K O M P E T E N T
R E G I O N A L
      M O T I V I E R T
```

Mit Stolz kann der Leykam Verlag auf 435 Jahre Verlagsgeschichte
zurückblicken – das ist wahrlich eine Leistung!

Es mögen noch viele erfolgreiche Jahr(e)hunderte folgen!

JANKO FERK

Dem altehrwürdigen und junggebliebenen Leykam Verlag zum 435. Geburtstag

Den allerersten indirekt-direkten Kontakt mit dem Verlag hatte ich genau am 3. Jänner 2017. Ich habe an die „Sehr geehrte[n] Damen und Herren!" des Grazer Universitätsverlags folgende überzeugende E-Mail-Nachricht geschickt: „Ich darf Ihnen ein kleines und feines Manuskript über ‚Drei Juristen' anbieten und würde mich freuen, wenn Sie daraus ein Buch machen würden." Überredend habe ich nachgesetzt: „In Ihren Verlag würden die ‚Drei Juristen' sehr gut passen." Geendet habe ich höflich: „Auf Ihre Antwort freue ich mich!" Mehr brauchte es nicht. Die Antwort war rasch da und sehr positiv. Die drei Juristen, Hans Gross, Franz Kafka und Walther Rode, durften in Graz das Buch-Licht der Welt erblicken.

Indirekt-direkt, weil mein erstes Buch im Grazer Universitätsverlag sozusagen beheimatet war, Leykam aber für „alles andere" zuständig gewesen ist, also für Promotion sowie Vertrieb und nicht zuletzt für den Erfolg.

Bis heute haben der Leykam Verlag, namentlich Doktor Wolfgang Hölzl, und ich drei „Bücher gemacht". Drei ansehnliche, herzeigbare und – wie ich meine – lesbare, nämlich nach den „Juristen" mein „Zwischenergebnis" und einen „reinen" Kafka. Ich danke dafür mit dem Herzen des Autors und hoffe, dass es in den nächsten Jahren noch mehr werden.

Ad multos annos librosque! Und auf gut Kärntnerisch: Vse najboljše!, was so viel heißt wie Alles Gute!

HEINZ FISCHER

Der Wert eines guten Buches

Leon Trotzki, der militärische Kopf der Oktoberrevolution des Jahres 1917, war auch in meiner Studentenzeit in den frühen 60er Jahren kein Idol für mich.

Aber als ich damals seine im Jahr 1930 erschienen Memoiren las, ist mir ein Satz über den Wert des Buches in Erinnerung geblieben. Trotzki schildert seine Haft in Sibirien nach den fehlgeschlagenen revolutionären Aktivitäten des Jahres 1905 und fügt dann hinzu, dass ein gutes Buch das Leben im Gefängnis wesentlich erleichtern konnte.

Ich habe keine Erfahrung im Gefängnis, aber den Wert eines guten Buches in allen Lebenslagen kann ich voll und ganz bestätigen.
Und noch etwas: Es ist auch ein tolles Gefühl, wenn man ein Buch, das man selbst geschrieben hat, zum ersten Mal in Händen hält.

Das erste Buch von mir war ein Buch über Otto Bauer, und es ist im Sommer 1968 im Europa Verlag erschienen.

Zum Zeitpunkt des Erscheinens war ich im Haus der Familie Broda in Kitzeck bei Leibnitz in der Südsteiermark einige Tage auf Urlaub. Als ich verständigt wurde, dass die ersten Exemplare des Buches die Druckerei verlassen hatten, bat ich meine (spätere) Frau Margit mit dem ersten Exemplar dieses Buches nach Kitzeck zu kommen. Und ich habe bis heute das starke Erlebnis nicht vergessen, wie ich Margit am Bahnhof Leibnitz abholte und das erste Exemplar „meines" Buches in Händen hielt.

Ein haptisches und emotionales Erlebnis besonderer Art.

Dem Leykam Verlag verdanken sehr viele Menschen solche starke Erlebnisse mit Büchern und daher schließe ich mich gerne den Gratulationen zum 435. Geburtstag der Leykam Buchverlagsgesellschaft an.

HEINZ M. FISCHER

Ein Buch – zum Schnäppchenpreis

Ich habe neulich ein Buch erstanden, einen wahrlich repräsentativen Band. Zum „Schnäppchenpreis" von 9,90 Euro. Vielleicht mutet es eigenartig an, aber ich habe mich letztlich nicht wirklich gefreut über diesen Gelegenheitskauf. Im Gegenteil. Ich wurde nachdenklich, vieles ging mir durch den Kopf.

Ich dachte an die Autorin. Wie es denn gewesen sein mag, sich auf das „Abenteuer Buch" einzulassen. Wieviel persönlicher Beharrlichkeit es bedurfte, ihrem Projekt, an das sie so sehr glaubte, zum Durchbruch zu verhelfen. Bis es endlich hieß, „Ja, wir machen es". Wie mit Zeit verschwenderisch umgegangen werden musste. Wieviel an intellektuellen Ressourcen investiert wurden.

Ich dachte an den Fotografen, der den Band künstlerisch großartig bebilderte. Wie viele Stunden, Tage, Monate für diese besonderen visuellen Eindrücke wohl notwendig gewesen waren?

Ich dachte an die Menschen im Verlag, in der Druckerei, die am Zustandekommen gerade dieses, und nicht irgendeines Geisteswerkes mitwirkten. Die Gedanken, Ideen, Vorstellungen greifbar, also real, machten.

Und ich dachte an die idealistische, kulturelle und gesellschaftliche Entwertung des Mediums Buch.

9,90 Euro – ein Buch zum „Schnäppchenpreis".

Dem Leykam Verlag seien noch viele weitere Jahrzehnte aktiven Daseins und Wirkens gewünscht. Mit vielen sinnstiftenden publizistischen Hervorbringungen. Nicht zum Schnäppchenpreis.

BENEDIKT FÖGER & ALEXANDER POTYKA

Gratuliert man ...

... einem Menschen zu einem goldenen Geburtstag, schwingt stets die Wehmut über die Vergänglichkeit mit, die nun einmal unweigerlich in die Erreichung hohen Alters eingeschrieben ist. Ganz ungetrübt hingegen ist die Freude, ein Unternehmen zum Erreichen eines Jubiläums zu beglückwünschen, ist doch das hohe Alter in diesem Fall ein Versprechen für eine lange Zukunft.

Die Gründung des Leykam Verlags liegt historisch unvorstellbar weit zurück und macht ihn zum ältesten dauerhaft bestehenden Verlag Österreichs. Das Verlagswesen und der Buchhandel sind eine Branche mit langer und hochgehaltener Tradition, die sich dennoch stets erneuern muss, um am Puls der Zeit zu bleiben. Was macht ein Unternehmen erfolgreich, wenn es so lange am Markt existiert? Im Fall von Leykam ist es mit Sicherheit auch die Nähe zu Forschung und Lehre, nicht zufällig wurde die Universität Graz im selben Jahr gegründet wie der Verlag. So ist ein fortwährender Zugang zu neuem Wissen gewährleistet, was eine der Hauptaufgaben verlegerischen Handelns ist: Neues zu entdecken, zu erfassen und zugänglich zu machen. Das war vor 435 Jahren so, und das hat Leykam wohl 435 Jahre lang richtig gemacht. Wir wünschen dem Verlag, den wir seit 73 Jahren zu unseren Mitgliedern zählen dürfen, allen seinen MitarbeiterInnen und AutorInnen weiterhin erfolgreiches verlegerisches Können und somit weitere unternehmerische Fortüne. Alles Gute zum Geburtstag und zum Jubiläum!

GUDRUN FRITSCH

LEYKAM:
 eine persönliche
 ANRECHNUNG &
 ein Plädoyer für
 die Literatur

Alles wirkliche Leben ist Begegnung (Martin Buber) – die Begegnung fand statt, mit Dr. Wolfgang Hölzl (mittlerweile **der** Wolfgang) und Dagmar Holzmann (mittlerweile **die** Dagmar) im Jahr 2015 erstmals. Nicht nur *augenschlau* fällt mir ein, sondern auch *herzweise* und dass Heimat dort ist, wo man verstanden wird …

fremde Nähe gießt sich in den Raum

nistet in dem Zwischen und nährt tröstend hohe Hoffnung

nicht wissend um die Heimat eingeschlossener Worte atmen
Fremde nur die eine Sprache,

die sie mit ungezinkten Zungen sprechen

Ich dachte mir: Wirf den Anker und bleib da!

Bücher, um es mit Jean Paul zu sagen, dem unverbesserlichen Romantiker, sind sie nicht *nur dickere Briefe an Freunde?*

Literatur ist wirkmächtig. Sie kann uns Leben lehren, das Lesen unvergleichlich dichte Stellvertretererfahrungen ermöglichen; Literatur und Dichtung: Sie bieten ideale Möglichkeiten, die conditio humana in größter Tiefe zu begreifen.

Für Viktor Frankl, den Erfahrenen, den Gebrandmarkten, den dennoch unermüdlich Zuversichtlichen, den Logotherapeuten schlechthin, ist das Buch sowohl Therapeutikum als auch Prophylaktikum. Er rät zum rechten Buch zur rechten Zeit.

Mein Wunsch an die Literatur, die fremde und die eigene: Sie kann, sie möge Identifikation, Einsicht evozieren, innerer Beistand sein und – auch das – sinnstiftend, lebenshelfend Zuflucht bieten.

Lesen: Wenn das Universum sich zur Einkehr niederlässt und neubehaust dann zwischen Flügelschlägen zweier Wimpernreihen ruht.

Allen Endzeitphantasien zum Trotz, lassen wir uns von Literatur – auch – lustvoll imprägnieren mit Zukunfts-Zuversicht!

Das Buch – *Eingang zur Welt* (Stefan Zweig) – vielleicht brauchen wir es mehr denn je – gerade jetzt!

VALERIE FRITSCH

Frühe Wortheimat

Der Leykam Verlag war die frühe Wortheimat der frühen Geschichten, der erste, der sich meiner Buchstaben angenommen hat, ihnen ein papierenes Zuhause gegeben hat, eine Reihe vollgeschriebener Seiten in einen richtigen Roman verwandelt, eine Idee zu Materie werden hat lassen, als wäre es ein Zaubertrick. Der schönste für die Literatur.

HANNES D. GALTER

Die Welt als Buch

Um ca. 3500 v. Chr. entstand im urbanen Milieu des südlichen Meso-
potamiens ein neues und in seinen Folgen weitreichendes Medium so-
zialer Interaktion: die Schrift. Dies leitete eine Reihe kulturhistorischer
Entwicklungen ein, die grundlegend für unsere Zivilisation sind. Die
Schriftlichkeit einer Kultur gilt als Voraussetzung für die Entwicklung
von formaler Logik, Algebra und Philosophie im Allgemeinen.

Die Schrift veränderte aber auch die Überlieferung des kulturellen
Erbes. Sie erweiterte deutlich den Bereich menschlicher Kommunikation und gab ihr zeitlichen Bestand. Sie ermöglichte das Festhalten
von Erfahrungen und sicherte so die Wissensvermittlung. Wissen wurde für die Einzelperson zu einem Konglomerat aus Erkenntnissen und
Einstellungen verschiedener Zeiten und Räume. Schriftliche Überlieferung förderte aber zugleich die kritische Auseinandersetzung mit der
Vergangenheit, die Individualität der Standpunkte und den Diskurs.

Im Zentrum schriftlicher Kommunikation steht der Text, das Buch.
Es enthält analysierbare Inhalte, objektivierbare Weltbilder, Bil-
dungsmaßstäbe und -werte. Wissensaufnahme geschieht nach wie
vor in erster Linie durch Lesen.

Die konsequente Folge der Textabhängigkeit literaler Kulturen war
die Idee des Buches der Welt bzw. der Welt als Buch, bei der das Begreifen der Wirklichkeit als Lektüre eines Buches erlebt wird.

Der Leykam Verlag hat seit 435 Jahren dieses Begreifen der Wirklichkeit mitermöglicht. Dafür möchte ich ihm herzlich gratulieren und auch den Wunsch äußern, dass er diese Aufgabe noch lang wahrnehmen möge. Angeschlossen sei auch mein persönlicher Dank für die Jahre der freundschaftlichen Kooperation.

FRITZ HINTERSCHWEIGER

Maria Theresia und der Weg ins Digitale

Beginnen wir mit einer Frage aus dem Unterrichtsfach Geschichte: Wann und von wem wurde das staatliche Schulwesen in Österreich eingeführt? Das wissen alle! Es war 1774, als Kaiserin Maria Theresia die öffentliche Staatsschule mit 6-jähriger Schulpflicht einführte. Wesentliche Reformen in den Jahren 1918, 1927 und 1962 erweiterten die Schulpflicht für alle. Schließlich wurde im Jahr 1972 die Schulbuchaktion eingeführt.

Nun, das war eine Erfolgsgeschichte, die leicht nachzuerzählen ist und die Österreichs Schülerinnen und Schüler zu den am besten Ausgebildeten macht. Was jedoch wird – aus dem gedruckten Schulbuch nämlich? Im Zeitalter der Digitalisierung eine mehr als berechtigte Frage. Für Österreichs Bildungsverlage ist es seit Jahren gelebte Praxis, Bildungsmedien zu drucken und parallel dazu digitale Ausgaben zur Verfügung zu stellen.

Man nennt es das „hybride Modell", wenn Print und Digital zur Verfügung gestellt werden. Doch ist dies auch ein Modell der gelebten Bildungs- und Schul-Zukunft? Wie es (mittelfristig) scheint, ja! Denn selbst die Digital Natives geben in Umfragen an, dass ihnen Bücher beim Lernen hilfreiche Medien sind. Lernt man, um sich Sachverhalte intensiv einzuprägen, nimmt man das Buch zur Hand. Zur zusätzlichen Recherche, auch um zu üben, sind digitale Hilfestellungen en vogue.

Österreichs Bildungsverlegerinnen und Bildungsverleger sind aus diesem Grund in einem steten Dialog mit allen Schulpartnern, also jenen, die an Schulen und Universitäten ausgebildet werden, jenen die unterrichten und jenen, die sich oft sehr intensiv als vorausblickende Eltern mit der Ausbildung des Nachwuchses auseinandersetzen.

HERBERT HIRSCHLER

„*Wer schreibt, der bleibt!*"

Diese Weisheit gehört bei uns am Land zu den seit Generationen überlieferten Geheimnissen des „Bauernschnapsens". Aber nicht nur beim Kartenspielen hat dieser Satz seine Gültigkeit. Ein Buch ist etwas für die Ewigkeit. Es trotzt mit seinem bunten Einband und den meist mit sehr viel Herzblut geschriebenen Seiten der Zeit, und selbst wenn es niemand mehr in seine Hände nehmen sollte, wenn keiner mehr darin blättert und liest, schmunzelt und mitleidet, selbst wenn es nur noch in einem Regal einfach so vor sich hindämmert, so hat jedes Buch seine eigene Geschichte, die es wertvoll und besonders macht.

Das Gefühl, wenn man sein Buch-Baby zum ersten Mal vor sich liegen hat, wenn man es fühlen und riechen kann (ein neu gedrucktes Buch hat seinen ganz besonderen Duft), wenn man endlich im eigenen Werk blättern kann und sich freut, dass es so wunderschön geworden ist, diese Momente haben etwas Magisches.

Ich bin sehr dankbar, dass ich diese einzigartigen Augenblicke schon mehrmals erleben durfte und wünsche dem Leykam Verlag alles Gute für die nächsten 435 Jahre. Denn: „Wer schreibt, der bleibt!"

Bücherverbrennung und Verlagswesen

Der Leykam Verlag ist zu jung, um mit seinen 435 Jahren das gesamte steirische Geistesleben und die hiesige Buchkunst zu repräsentieren. Schenkte doch bereits der große saturnische Liebhaber der Gelehrsamkeit Kaiser Friedrich III. als Beschützer der neuen Kunst den Buchdruckern um 1470 ein Wappen mit einem schwarzen Adler, der bei den Schriftsetzern Tenakel[1] und Winkelhaken[2], bei den Druckern Ballen in beiden Krallen hält.

Es gab also bereits eine hohe Buchkultur vor der steirischen Monopol-Offizin Widmanstetter, die ein Jahrhundert nach Friedrichs ehrendem Wappen zur „befurderung der Catholischen Religion, widerstandt der Uncatholischen"[3] aus Bayern ins Land geholt wurde. Zu bekriegen waren in Graz ca. 90 Prozent evangelische Stadtbevölkerung mit Hilfe der päpstlichen Nuntiatur, der katholischen Lateinschule, der von Erzherzog Karl zeitgleich gegründeten Universität und der Anwendung der Inquisition und des Index librorum prohibitorum.

So rühmlich der Leykam Verlag im 19. und 20. Jahrhundert gewirkt hat, so unrühmlich wirkte sein Vorgänger Widmanstetter. Der Widerschein der im Jahr 1600 in Graz von Erzherzog Ferdinand bei der Protestantenausweisung verbrannten 10.000 evangelischen Bücher leuchtete noch lange nach, bis ins Inferno des Dreißigjährigen Krieges, angezettelt von diesem fanatischen Bücherverbrenner. Die geistige Basis des apokalyptischen Weltkriegs des 17. Jahrhunderts, der Europa ein erstes Mal in Schutt und Asche gelegt hat, wurde in der Offizin Widmanstetter gedruckt.

[1] Gerät zum Halten des Manuskripts beim Setzen.

[2] Winkelförmige Schiene zum Setzen von Druckzeilen.

[3] Emerich Forsler, Universitätsrektor, zitiert nach Anton Schlossar, Grazer Buchdruck und Buchhandel im sechzehnten Jahrhundert, in: Archiv für Geschichte des Deutschen Buchhandels 4 (1879), S. 85.

ELISABETH HOLZER

Analog und digital

1974 geboren gehöre ich zu jener Generation, der aus gedruckten Büchern vorgelesen wurde und die später selbst mit gedruckten Büchern oder Zeitschriften ins Bett ging. (Auch um nach „Licht aus" mit einer Taschenlampe weiterzulesen.)

2019 gehöre ich immer noch zu jener Generation, die gedruckte Bücher mit in den Urlaub nimmt (weil man die locker auf der Strandliege liegen lassen kann oder am Flughafen kein Ladekabel braucht, um länger im Buch blättern zu können). Aber sonst? Ich nehme das Tablet (oder Smartphone, das ist eh schon fast so groß wie ein Tablet) mit ins Bett, um vor dem Einschlafen zu lesen. Da brauche ich wenigstens keine Lampe mehr extra.

Fazit:
Analog erzogener Mensch ist im modernen digitalen Zeitalter angekommen. Und liest da wie dort gedruckt wie online veröffentlicht.

MARKUS JAROSCHKA

Ein Literaturverlag hat wieder Zukunft!

Vor 25 Jahren sagte mir Peter Weibel im Hinblick auf die neue Entwicklung des Internets „das Ende der Printmedien" wie auch das Ende einer Literaturzeitschrift voraus. Ich machte damals die Literaturzeitschrift LICHTUNGEN. Kürzlich gratulierte mir Weibel zur 150. Ausgabe. Ich erinnerte ihn an seine Aussage, er lächelte und sagte: „Irrtum, das Pendel schlägt zurück. Eine Literaturzeitschrift hat wieder Zukunft."

So hält Umberto Eco in seinem Buch „Die große Zukunft des Buches" prophetisch fest: „Das Buch ist wie der Löffel, der Hammer, das Rad oder die Schere: Sind diese Dinge erst einmal erfunden, lässt sich Besseres nicht mehr machen. An einem Löffel gibt es nichts zu verbessern. … Das Buch hat sich vielfach bewährt, und es ist nicht abzusehen, wie man zum selben Zweck etwas Besseres schaffen könnte als eben das Buch."

Es gibt Anzeichen der Veränderung bei jungen Menschen im überbordenden Umgang mit den digitalen Medien. So wurde in der Presse von einer Initiative namens „Slow-Reading-Bewegung" berichtet. In den USA, in England, Australien und in Japan treffen sich junge Leute in Cafés zum Lesen. Jeder bringt „sein Buch" mit. Auflagen sind: 1 Stunde lesen ohne zu sprechen und die Handys müssen ausgeschaltet sein. Es wurde von einem Ansturm berichtet. Vielleicht ist das der Beginn eines Widerstandes gegen den „digitalen Tsunami", wie ich es nenne?

Der Verlag Leykam und die LICHTUNGEN als Partner haben sich durch Jahrzehnte unverdrossen für die Literatur eingesetzt. Unter Beratung von Emil Breisach, Heinz Hartwig und von mir sind Erstveröffentlichungen wie u. a. von Olga Flor und Valerie Fritsch erschienen. Damit hat der Verlag Leykam einen wesentlichen Beitrag für die Literatur in der Steiermark geleistet.

Dafür ein großer Dank und weiterhin Mut! Ad multos annos!

CHRISTIAN JUNGWIRTH
Die Aula der Alten Universität Graz
vor dem Umbau 2014.

EGON KAPELLARI

Lebensmittel Buch

Bücher sind für mich seit meiner frühesten Jugend so etwas wie Lebensmittel – Wort als ein „anderes Brot". In diesem weiten Horizont hat die Bibel schließlich den ersten Rang erhalten und behalten. Aber ohne sehr viele alte und neue Bücher und ohne freilich fast immer zu knappe Zeit zum Lesen wäre mein Leben sehr karg. In Zeiten der Digitalisierung hoffe ich, dass auch in Zukunft Bücher, die man in die Hand nehmen kann, eine Gemeinde von Lesenden finden werden, die nicht zu einer elitären Minderheit geschrumpft ist.

Ich gratuliere dem Leykam Verlag zu seinem 435-Jahr-Jubiläum respektvoll und dankbar für seine Geschichte in so ungewöhnlich langer Zeit und wünsche ihm eine wetterfeste Zukunft auch in Zeiten vieler Veränderungen.

MARGARITA KINSTNER

Stärkung der Empathie

Der Kopf ist rund, so sagt man, damit das Denken seine Richtung ändern kann. Das „Programm", welches unser Hirn am effektivsten dazu zwingt, die gewohnte Richtung zu verlassen, ist und bleibt die Literatur. Wir betreten unbekannte Welten. Reisen durch die Zeiten. Schlüpfen in uns fremde Figuren und nehmen deren Denkweisen an. Dadurch setzt Literatur dort an, wo die Dokumentation nicht mehr weiterkommt. Schicksale einzelner werden nacherlebbar, nachvollziehbar. Wer sich als Leser*in auf Unbekanntes einlässt und neugierig bleibt, bildet sich nicht nur weiter, sondern stärkt vor allem die eigene Empathie. Und diese ist wiederum Grundvoraussetzung für eine funktionierende Demokratie. Literatur bringt uns einander näher. Sie beugt nicht berechtigten Ängsten vor und schult, zwischen den Zeilen zu lesen. Literatur, so könnte man sagen, ist die beste Vorsorge gegen eine dumpfe Gesellschaft und ein gutes Abwehrmittel gegen die billigen Sprüche der Populisten.

CHRISTIAN KIRCHER

Ohne Schranken

„Bücher lesen heißt, wandern gehen in ferne Welten, aus den Stuben, über die Sterne", soll der deutsche Schriftsteller Jean Paul gesagt haben, und ich kann ihm darin nur zustimmen. Doch nicht nur der Leser wird durch Bücher in andere Welten entführt, auch das Medium Buch selbst hat sich längst neue Welten erobert. Waren das Lesen und Vervielfältigen von Büchern vor Erfindung des Buchdrucks einem kleinen Kreis privilegierter Menschen vorbehalten, löste die neue Technik im 15. Jahrhundert eine wahre Kulturrevolution aus. Die Idee des Humanismus wurde verbreitet, die Zahl der lesenden Menschen nahm stetig zu. Heute, mehr als 550 Jahre später, ist die Auswahl an Literatur so groß wie nie zuvor. Vom belletristischen Bestseller bis zum wissenschaftlichen Fachbuch gibt es immer häufiger auch digitale Versionen, es wurde möglich, zu vernetzen, zu verlinken, zu verweisen. Ich genieße es, ein Buch in der „Stube" zu lesen, wie Jean Paul es beschreibt, und ich schätze den modernen Wissenszugang ohne Schranken von Raum und Zeit. Ich bin jedenfalls gespannt, zu welchen Sternen uns die neuen Technologien noch führen werden.

WALTRAUD KLASNIC

Gedanken ...

Meine erste Begegnung mit dem Leykam Verlag war schon in der Kindheit meine Begeisterung und die Neugierde, den „Mandlkalender" zu befragen, der ja viele Jahrzehnte unter dem gemeinsamen Leykam-Dach herausgegeben wurde. Im Laufe der Jahre wurde mir dann die reiche und vielfältige Auswahl, die der Leykam Verlag bot und bietet, immer mehr bewusst. Eine große Zahl von Büchern aus dem Hause Leykam ziert meine Bibliothek, viele der Autorinnen und Autoren der letzten Jahre lese, kenne und schätze ich. Der Leykam Verlag ist mit der Geschichte der Steiermark und der Grazer Karl-Franzens-Universität eng verbunden. Er soll traditionsreich und zukunftsorientiert die Brücke von Erinnerung und Erwartung bilden. Der Bestand und die Zukunft des Leykam Verlages ist für mich die Balance der ZEITGESCHICHTE, von Gestern-Heute-Morgen.

Dass der Leykam Verlag, der auf einer stolzen und großen Tradition aufbaut, eine ebensolche Zukunft hat, ist mein Wunsch zum Jubiläum.

ANETTE KNOCH

Gesellschaftsrelevanz

Digitalisierung – derzeit gibt es wohl kaum ein Thema, mit dem sich so viele Hoffnungen und gleichzeitig so viele Ängste verbinden. Das Sammeln und Auswerten von Daten im digitalen Raum löst viele gesellschaftsrelevante Diskussionen aus. Wem die Daten gehören, wer sie wie speichern und auswerten kann, ist eine der zentralen Fragen der heutigen Zeit. In Büchern waren und sind Daten immer Allgemeineigentum, für alle Interessierten zugänglich, denn die großen gesellschaftlichen Auseinandersetzungen wurde immer auch zwischen zwei Buchdeckeln geführt – ob analog oder digital ändert den Inhalt nicht.

GERHARD KOCH

Qualität – das gemeinsame Anliegen

Das Ziel aller Medien ist es, beim Publikum zu landen. Letztlich geht es darum, die Aufmerksamkeit der Menschen zu gewinnen und ihnen die Welt zum Neuen zu eröffnen. So könnten im Reichweitenkampf die elektronischen Medien – überspitzt formuliert – als natürliche Feinde des Lesens angesehen werden. In Wahrheit sind beide Medien gute Freunde, die sich gut ergänzen und ihre Wirkung wechselseitig erweitern. Die Qualität ist das gemeinsame Anliegen, das es zu erfüllen gilt.

Der Leykam Verlag hat mit seinen Publikationen stets den passenden Stoff für die Ansprüche der Leserschaft geliefert und den Nerv des neugierigen und wissbegierigen Publikums getroffen. Das kann ich, der so wie viele seine journalistische Laufbahn bei einer ehemaligen Leykam-Tochter begonnen hat, aus eigener Erfahrung bestätigen. Zum Jubiläum herzliche Gratulation und die besten Wünsche und die Ermunterung, den Weg der Qualität mutig weiterzugehen.

KATHARINA KOCHER-LICHEM

Die Bibliothek als Autobiographie

Der Weltbürger Alberto Manguel vermerkt in seinem Band „Die verborgene Bibliothek" sinngemäß, dass jede Bibliothek auch eine Autobiographie widerspiegelt. Unweigerlich hat man die eigene Büchersammlung vor Augen, die immerhin noch eine Geschichte erzählen kann, weil sie existiert und mit zum Teil doppelreihig aufgestellten Büchern gefüllt ist. Wie wird das mit privaten digitalen Bibliotheken künftig sein? Gespeichert in einer riesigen Datenwolke würden sie nur dann etwas erzählen, wenn das Gelesene auch sozial-medial in die Welt getragen wird. Streng genommen wären das aber nur geliehene Biographien, denn die Bücher waren ja nie im Besitz des Lesenden – er hatte nur die Lizenz sie zu lesen … Aus meiner Sicht wird es aber auch künftig Chancen auf spannende Bibliotheksbiographien geben, denn wer Buchmessen besucht, weiß, dass das gedruckte Buch nicht so schnell sterben wird!

Eine besondere Rolle für Bibliotheksbiographien im Sinne von Manguel spielen Sammlungsbibliotheken, wie es die Steiermärkische Landesbibliothek ist. Hier leben Persönlichkeiten durch ihre Bibliotheken weiter: Wie Erzherzog Johann in seiner Büchersammlung voller Raritäten, der heute kaum mehr bekannte Steirer Johann Berger in seiner Schachbibliothek oder die kürzlich verstorbene Schachgroßmeisterin Eva Moser, deren feine Spezialbuchsammlung von ihren Begegnungen mit berühmten Großmeistern erzählt.

Über 400 Jahre Buchgeschichte darzustellen, fast bis zur Wiege des Buchdrucks zurück – das können weltweit nur wenige Verleger, so wie der Leykam Verlag. Das macht ihn einzigartig auch beim Erzählen von Biographien – durch die vielen Publikationen, die bis heute in Bibliotheken stehen. Der Wunsch für die nächsten 400 Jahre? Unzählige weitere Bibliotheksbiographien mitzuschreiben!

JOHANNES KOREN

Am Puls der Zeit

Ein Buch schreiben ist die eine Sache. Den Text des Autors in die wunderbar haptische Form eines Buches zu bringen, mit seinem Verschmelzen von Wort, Schriftbild und grafischer Gestaltung, ist die andere. Für sie ist der Verlag zuständig. Und dazu noch für möglichst weite Verbreitung des fertigen Druckwerks, für das Erreichen einer großen Leserschaft. Das ist, in dem sich stets bewegenden Umfeld nicht leicht. Werden doch immer neue Wege gesucht, den klassischen Weg zwischen Autor und Leser neu zu denken und zu nutzen.

In all den Jahren bisher hat der Leykam Verlag mit großem Erfolg seine Aufgaben erfüllt. Er hat, immer am Puls der Zeit, gute Autoren gesucht und gewonnen, sie mit hervorragenden Grafikern, Lektoren, Fotografen und Buchgestaltern zusammengebracht und auf diese Weise dafür gesorgt, dass unzählige gescheite, wegweisende und unterhaltsame Bücher zu ihren Rezipienten gefunden haben.

Der Verlag hat damit dem Wort einen großen Dienst erwiesen. Als Autor kann man dafür nur danken. Und hoffen, dass dies weiterhin, trotz Internet und der vielen oberflächlichen Möglichkeiten der Kommunikation, so bleiben wird.

KARL ALBRECHT KUBINZKY

Bücher, Verlage und ich

„Scherz, Satire, Ironie und tiefere Bedeutung"
(C. D. Grabbe)

Ich, damit beginnt man keinen Beitrag, konnte mir lange Zeit unter dem Wort „Verlag" nichts Konkretes vorstellen. Allein die Verbindung zum verhängnisvollen Verlegen von Dingen, einer meiner grundlegenden Schwächen, machte den Begriff suspekt. Irgendwann wusste ich dann, dass die von mir geliebten Bücher und die damit in Zusammenhang stehenden Einrichtungen mit Verlagen in einer schicksalhaften Verbindung standen. Bösartig kann festgestellt werden, dass Verlage keine Bücher schreiben, keine Bücher drucken und binden und sie auch nicht für den privaten Interessenten anbieten und verkaufen. Nach reifender Überlegung muss all dem hinzugefügt werden, dass

Verlage die Manager, Organisatoren, Finanzierer und Vertreiber, welch ein unpassendes Wort, von Büchern sind. Es geht übrigens auch ohne Verlag, Bücher herzustellen, und hin und wieder gelingt es sogar diese zu verkaufen. Dann spricht man von einem Selbstverlag und meist von sehr sparsamen Autoren. Eine Variante ist jene Abweichung vom klassischen Verlagsgeschäft, bei der der Autor selbst für die Finanzierung zu sorgen hat. Ich weiß auch von ambitionierten Autoren, die eher auf laienhafte Art Buchhandlungen zur Übernahme ihrer Werke zu motivieren versuchen.

Im Laufe der letzten 30 Jahre habe ich einige Verleger kennengelernt. Was ich zuvor aus der Literatur über große Verleger vom Typus Samuel Fischer und Ernst Rowohlt gehört und noch mehr gelesen hatte, trat zwar nicht in Erscheinung, aber ich lernte interessante und ambitionierte Leiter von Verlagen kennen. Mit im Team waren die Mitarbeiter(innen) des Verlags, die meist eine gute Nachrede meinerseits verdienten. Ich meine die Arbeit im Sekretariat, im Lektorat und im Versand.

Freude und Frust

Karl May, aber vermutlich nicht nur dieser, beschreibt in einer autobiographischen Passage seines umfangreichen Werkes, die persönliche Leere, die ein Autor nach Abgabe seines Produktes in einem Verlag empfindet. Ich kann mich noch gut an jene Emotion erinnern, als ich vor Jahren einen Buchinhalt an einen Mitarbeiter des Verlags Leykam übergab. Damals war das Schreiben am PC zumindest für mich noch nicht Routine. Viele Monate hatte ich brav am PC Texte verfasst. Nun kam jener Mitarbeiter, tippte weniger als einige Minuten an meinem Datenspeicher herum, erwarb so meine Texte, dankte und verließ mein Autorenchaos. Zurück blieb ich, sichtlich um meine

Arbeit betrogen und psychisch belastet. Eigentlich sollte ich über die Fertigstellung meiner Produktion erfreut sein, aber irgendwie erfasste mich Leere und Verunsicherung. War nun wirklich alles geschrieben, was ich mitteilen wollte?

Wissenswertes und Unwichtiges

Einschlägig belehrt weiß ich nun, dass das Wort und der Begriff Verlag von „Vorlegen" kommt, also vom Sammeln von Geld oder Rohstoffen, um diese zu bewirtschaften. So lese ich erstaunt von Bierverlagen und Tabakverlagen. Insbesondere in der frühen Neuzeit wurde durch ein Verlagswesen eine dezentrale Produktion zentral vermarktet. Diese Vermarktung musste meist die Produktion, so beispielsweise jene in der Landwirtschaft, vorfinanzieren, um diese zu ermöglichen. Vorfinanzierte Buchautoren kenne ich nur aus der Literatur und aus Filmen. Dort werden diese gerne auf ihrem Weg in die schriftstellerische Lebensproblematik dargestellt.

Hin und wieder war ich Ohrenzeuge, wenn mein Verlag mit den Buchhändlern über Preise, Rabatte, Freiexemplare und Lieferzahlen verhandelte. Mich überfordernd hörte ich den Austausch von Zahlen. Auch habe ich zwar verstanden, was ISBN-Nummern sind, die Regeln ihrer Vergabe bleiben mir aber trotz der Erkenntnis ihrer Wichtigkeit fremd.

Meine Verlage, so auch Leykam, blieben überschaubar, persönlich und kooperativ. Die große Verlagswelt ist sichtlich anders organisiert. 2016 hatte der Springerverlag 13.000 Mitarbeiter. Auch meine Buchhandlungen sind überschaubar. Mit Trauer habe ich in den letzten Jahren in meinem Umfeld den Verlust von Verlagen, Buchhandlungen und Antiquariaten wahrgenommen. Eine Welt ohne Bücher, Verlage und Buchhandlungen sowie Bibliotheken erscheint mir fremd und nicht wünschenswert. So hoffe ich auch in Zukunft als Autor, Buchkäufer und auch Buchleser auf ein einschlägiges Angebot. Und diese Wünsche sind mit herzlichem Dank verbunden. Hier besonders an meinen Verlag Leykam, im Wissen um seine Tradition, seine Gegenwart und in Hoffnung für seine Zukunft.

IRIS LAUFENBERG

Pluralistisch

Kunst ist immer international und so reflektieren auch zeitgenössische Kunstschaffende in globalen Zusammenhängen unsere Gesellschaften, auch in einem digitalisierten Zeitalter. Kulturen und Sprachen hingegen definieren sich oftmals national und abgrenzend. Darum strebt die Kunst auch nach kulturellem Austausch auf dem Weg zur tieferen Erkenntnis. Das Buch hat mit dem Sprechtheater gemein, dass sie beide „Orte" der Reflektion und Live-Erlebnisse sind, individuell zwischen Buchdeckeln und kollektiv im Bühnen-Zuschauerraum – und das unabhängig von allen Zeitläufen.

Das Weltbild der Kunst ist pluralistisch und beheimatet darin alle Kulturen der Welt – und verstößt somit gegen jedes eindimensionale und rein nationale Denken. In Zeiten und Systemen, in denen die Kunst in diesem Sinne frei sein darf, droht sie gesellschaftlich marginalisiert zu werden. In Zeiten und Systemen, in denen sie nur einem Weltbild entsprechen sollen, bergen Buch und Sprechtheater Sprengstoff und werden nationalen Systemen zum Gefahrenherd.

Brannten im August 1933 Bücher von Brecht und Kafka auf deutschnationalen Scheiterhaufen und flohen Kunstschaffende aus Europa, so fasst Vladimir Sorokin analog dazu in seinem aktuellen Zukunftsroman „Manaraga. Tagebuch eines Meisterkochs" beim exquisiten Book'n'Grill, eine Welt, in der Bücher verboten sind und heimlich als Brennmaterial dienen, zusammen: „Ich hätte nie gedacht, dass Bücher so gleichmäßig brennen können."

ELISABETH MEIXNER

Ein gedrucktes Buch bleibt ein gedrucktes Buch

Ein Buch in gedruckter Form ist ein Buch und bleibt ein Buch. Gerade das haptische Erlebnis, ein Buch zwischen den Händen zu halten, es zu öffnen und in eine Welt voller Möglichkeiten, voller Abenteuer, Wissen und Weisheiten einzutauchen, ist ein Erlebnis, das ich von Kindheit an in mir am Leben gehalten habe.

So gut ausgestattet wir auch sind, unsere Gesellschaft muss sich immerzu weiterentwickeln. Die nötigen Inputs sollen jedoch auch aus Büchern kommen. Eine Bibliothek, eine Buchhandlung, ein Wohnzimmer mit Büchern, das sind besondere Plätze. Wo wären die dann, wenn es das Buch nur noch in digitaler Form geben würde?

Bücher sind eine Bereicherung für das Leben und für unsere Nachwelt. Sie sind der zielsicherste Beweis, wir können Bildung vorweisen und wir sind eine hochentwickelte Gesellschaft. Nicht, dass ich dem Wort in digitaler Form misstraue, ich glaube einfach, ein Buch in gedruckter Form ist ein fixer Bestandteil unserer Kultur.

ELGRID MESSNER

Eine Säule unserer Wissensgesellschaft

Seit vielen Jahren erscheint die Studienreihe der Pädagogischen Hochschule Steiermark bei Leykam. Wir haben in dieser Zeit das Know-how der MitarbeiterInnen, das freundliche Service und die umsichtige Betreuung durch den Verlag schätzen gelernt.

Wir können aus eigener Erfahrung feststellen, dass sich die Prognosen der letzten Jahrzehnte schon jetzt als falsch erweisen: Das Buch wird auch in Zukunft eine Säule unserer Wissensgesellschaft bleiben. Verlage wie Leykam stehen dafür – seit über vier Jahrhunderten und auch in den kommenden Epochen.

Ray Bradbury wählte in „Fahrenheit 451" die planmäßige Vernichtung von Büchern als Metapher für gesellschaftlichen und kulturellen Niedergang. Ich erlaube mir den Umkehrschluss: Ein Unternehmen, das seit 435 Jahren das Verlagsgeschäft betreibt und qualifizierte Autor*innen und Herausgeber*innen bestmöglich auf dem Weg vom Manuskript zum fertigen Buch unterstützt, leistet einen enormen Beitrag zur gesellschaftlichen und kulturellen Weiterentwicklung. Dafür gebührt dem Leykam Verlag, seinen Mitarbeiter*innen sowie Eigentümern Dank und Wertschätzung.

WOLFGANG MOSER

Das BUCH BILDet ab, was Lernende als BILDung verBUCHen.

Mit einem Gruß aus der 101-jährigen Urania an den schon mehr als viermal älteren Leykam Verlag gedenken wir gerne der Vergangenheit, um unsere gemeinsame Zukunft zu erkennen und zu gestalten.

WOLFGANG MUCHITSCH

Orientierung geben

In einer Welt, in der wir rund um die Uhr von Informationen völlig unterschiedlicher Art und Qualität umgeben sind, haben Verlage ebenso wie Museen eine wichtige gesellschaftliche Funktion: Sie geben Orientierung durch sorgfältige Prüfung und fundierte Aufbereitung von ausgewählten Positionen sowie durch kritische Offenheit gegenüber den Phänomenen der Gegenwart. Der Leykam Verlag versteht es nun schon seit 435 Jahren, stets am Puls der jeweiligen Zeit zu sein, und zeigt auf beeindruckende Weise, dass hohe Qualität über alle medialen Entwicklungen hinweg Bestand hat und auch weiterhin haben wird.

SIEGFRIED NAGL

435 Zeichen für 435 Jahre:

www in Graz heißt auch – ganz analog – wissen, wirtschaften, wohl-fühlen. Nur das sprichwörtlich gute Buch, und wovon sonst reden wir beim Leykam Verlag, macht es möglich, diese drei Stärken unse-rer Stadt handlich mit nach Hause zu nehmen. Lesen ist Nachden-ken, was andere vorgedacht haben. Und Leykam ist längst ein Grazer Identitätsmarker für Qualität und Vielfalt geworden. Dafür danke ich herzlich, Ihr Bürgermeister Siegfried Nagl.

ANNA-LENA OBERMOSER

Slam Poetry, „Mundtschesn" und Lesen

Poetry Slam in Österreich ist 20 Jahre alt. Slams finden in den Städten statt und in den Käffern. Slam Poetry triumphiert als durch-alle-Sinne-erlebbare-Literatur in den Dorfbeisln, den Theater- und Literaturhäusern, den Konzert- oder Hörsälen dieses Landes. Slam-Texte gedeihen, weil ein*e Slam-Poet*in durch den jeweiligen Vortrag den Zuhörenden dahinsteckende Emotion und Energien darlegt. Rhythmus, Stimm- und Körperarbeit, Spiel mit Lautstärke und Tempo, Ausdruck und Mimik bieten im direkten Publikumskontakt eine Unmittelbarkeit und Authentizität, die dieselben Texte als literarisches Druckwerk in dieser Intensität nicht garantieren können.

Ähnlich erlebe ich das bei Dialekt-Dichtung. Dialekt kennt keine Konformität, keine einheitliche Schreibweise, keine definierte Lautschrift. Nicht in der Vielschichtigkeit, wie er in Österreich gesprochen wird. Ein Wiener raunzt anders, als eine Tirolerin sumpat. Eine Südsteirerin bellt nicht gleich wie jemand aus der Obersteiermark. Mein Oberpinzgauerisch „krcchht" und „schhhzzzt" unterschiedlich zu dem Kehlkopfgemetzel einer Gsibergerin und so weiter. Dialekt ist eigenständig, dadurch schwer „richtig" zu lesen, dafür öffnet er aber Möglichkeiten, Spoken Word mit Lautmalerei zu bereichern.

Wie passen also Slam Poetry und Dialektdichtung in die Zukunft des Buches, wenn sie ohnehin schon in der österreichischen Literatur-Gegenwart verankert sind, aber nicht vollends in den adäquaten Dimensionen? Das Buch als Medium kann sich weiterentwickeln, es kann intermedial Potentiale schaffen, Druckwerk, Video und Audio verbinden, analog oder digital. Das heißt nie und niemals, dass das Buch in seiner klassischen Grandiosität, bestehend aus Papier und Druckerschwärze, je seinen hohen Wert verringert. Das heißt, dass durch Erlebbarmachen von performter Literatur, der Wert multipliziert werden kann.

GERNOT PETER OBERSTEINER

Gott grüß die Kunst

Den Nachfolgern der Offizin Widmanstetter und der Druckerei des Andreas Leykam, verdienstvollsten Trägern der steirischen Kultur- und Geistesgeschichte, ein herzliches „Gott grüß die Kunst" zum 435. Geburtstag!

KURT OKTABETZ

Ruhepole in unruhigen Zeiten

Vor 35 Jahren habe ich anlässlich des 400-Jahr-Jubiläums der Leykam AG (gemeinsam mit der Leykam Mürztaler AG) in der Grazer Oper in Anwesenheit des Bundespräsidenten Dr. Kirchschläger und vieler Prominenter den Festvortrag gehalten, der mit folgenden Sätzen begann: „Mehr als das Gold hat das Blei die Welt verändert; Und mehr als das Blei aus der Flinte, jenes aus dem Setzkasten.

Die letzten 4 Jahrhunderte Menschheitsgeschichte sind eine Illustration Lichtenbergs Aussage und lassen die Medien gleichsam zum Symbol für die Individualität des Menschen werden. Es war eine düstere Epoche, dieses ausklingende 16. Jahrhundert: Kriege und Seuchen hinterließen ein malträtiertes Volk und ein politisch geführter Religionskampf unterdrückte, entstellte und entzog schließlich den Menschen in unserem Lande ihre ohnehin nur spärlich vorhandene Würde, ihre Persönlichkeit und ihre Grund- und Freiheitsrechte. Und erstmals stand mit einer unübersehbaren Deutlichkeit und Wirkung das gedruckte Wort einer die Zukunft prägenden gesellschaftlichen Entwicklung Pate. In dieser Zeit und für eben diese Zwecke gegründet, begann die Geschichte des Stammhauses der beiden heute jubilierenden Unternehmen. In dieser Zeit begann die Geschichte der Papier- und Druckmedien, der Massenmedien in unserem Lande und in dieser Zeit liegt eigentlich auch die Wurzel für die Geschichte der Gewinnung der Grund- und Freiheitsrechte des Menschen in unserem Lande, der Entfaltung seiner Persönlichkeit und der Erlangung seiner Würde.

Eine Unternehmensgeschichte, eine Geschichte der Medien, des Datenträgers Papier, eine Periode von 400 Jahren Menschheitsgeschichte liegt hinter uns. Und wir machen kurz Halt, um uns jubilierend zu präsentieren und zurückzublicken, im wachen Bewusstsein, dass der vor uns liegende Weg nicht um ein Quäntchen ruhiger werden wird und unserer ganzen Aufmerksamkeit bedarf. Mag nun eine 400-jährige Unternehmensgeschichte auch noch so interessant sein, weil sie unmittelbar zusammenhängt mit der gesellschaftlichen Entwicklung und mit der steirischen Geschichte – ein sprachlicher Rückblick wäre undenkbar. [...]

Einige Highlights aus diesen 400 Jahren lassen Sie mich jedoch bitte herausholen: Die Erkenntnisse daraus sind schlüssige Nachweise, dass die Unternehmensgegenstände nicht übliche Warenproduktionen oder Dienstleistungen umfassen, sondern letzten Endes und in ihrer ausgereiften Form Botschaften in welcher Art immer, die geeignet sind, Stimmungen auszulösen, Meinungen zu bilden und gesellschaftliche Entwicklungen einzuleiten.

Aus unserem heutigen medien- und gesellschaftspolitischen Aspekt begann die Geschichte der beiden Häuser eigentlich mit bedenklichen Beiträgen zur Gesellschaftsentwicklung: Georg Widmanstetters Gründungszweck im Jahre 1585 war, Medien für die Erringung und Festigung eines autoritären, universalistischen

Machtsystems zu produzieren (Anm.: Widmanstetter hatte den
Auftrag des Kaisers und der Jesuiten, die im selben Jahr auch die
Grazer Universität gründeten, Schriften der katholischen Gegen-
reformation zu drucken und zu verbreiten). Und weil die medialen
Leistungen dieses Unternehmens zum Erfolg des Systems wesent-
lich beigetragen haben, wurde diesem Druckhaus das kaiserliche
Privileg verliehen, als Monopolist in der Steiermark agieren zu
können. In dieser fast 200-jährigen Periode sind zweifellos große
Leistungen der Buchdruckerkunst vollbracht worden, denen auch
in der Festschrift gebührender Platz gewidmet ist.

Das Monopol führte jedoch letztlich zur Behäbigkeit der Erben-
generation der Widmanstetter und als am Ende des 18. Jahrhun-
derts im Zuge der Liberalisierungswelle Kaiser Josef II. herr-
schende Orden, Privilegien und Monopole annullierte, konnte
dieser alte Geist der Energie des Neuen nicht mehr standhalten.
Es begann der Aufstieg des Andreas Leykam, und gleichsam beflü-
gelt durch den Wettbewerb begann eine ökonomische Entwicklung
eines Medienunternehmens, die schließlich in ein weit über die
Grenzen des Landes hinaus bedeutendes Wirtschaftsimperium
vertikaler und horizontaler Konzentration von Forstbetrieben
über Papiermühlen bis hin zum Druck- und Verlagshaus gipfelte.
Das war die zweifellos bemerkenswerteste Phase in der Geschich-
te des gemeinsamen Unternehmens: Die medialen Beiträge wa-
ren Katalysatoren einer durch Neuhumanismus, Aufklärung und
Revolution geprägten gesellschaftlichen Entwicklung. Aufkläreri-
sche und revolutionäre Ideen und Entwicklungen erfuhren durch
die mediale Befruchtung jedoch nicht nur gesellschaftliche Reife,
sie wirkten natürlich auch auf das Unternehmen selbst ein: Nicht
zuletzt waren die Sozialkämpfe der Druckereiarbeiter im Revo-
lutionsjahr 1848 mitverantwortlich für die Trennung der beiden

Betriebe, die dann nach Umwandlung der Firma in eine Aktiengesellschaft im Jahr 1883 auch unternehmensrechtlich vollzogen wurde. Im sehr wechselvollen 20. Jahrhundert entstand in der Geschichte der Leykam Druck- und Verlags-AG ein Loch: In den Jahren 1938 bis 1945 bemächtigte sich ein fremdes Herrschaftssystem dieses Medienunternehmens, um seine Leistungen für seine brutalen Machtzwecke zu missbrauchen.

Aus all diesen historischen Erfahrungen rekrutiert sich in der Zeit der Zweiten Republik das neuformulierte Unternehmensziel der Leykam AG und unser gegenwärtiges Medienbewusstsein: Diese so sensible Leistung bedarf einer Abstützung durch besondere Verantwortung, denn Medien sind der Mörtel, der das Gebäude der Gesellschaft zusammenhält. Ob Buch, Zeitung, Zeitschrift, Kalender oder Flugblatt, ob Information, Bildung, Unterhaltung, schöngeistige Botschaft oder Werbebotschaft, ob Papier oder Magnetband als Datenträger, all diese medialen Leistungen repräsentieren jenen Pluralismus, den wir als Basis für unsere demokratische Gesellschaftsordnung verstehen. Medienbewusstsein, Medienbekenntnis und Unternehmensziel kennzeichnen als Einheit den gegenwärtigen Zustand und die künftige Entwicklung der Leykam AG als Multimedienunternehmen.

In dieser postindustriellen Gesellschaft darf jedoch nicht das Scheckbuch zum wichtigsten Buch des Menschen werden und darf auch nicht eintreten, was Marshall McLuhan prophezeit hat, dass nämlich die Analphabeten von heute die Lesekultur durch ausschließliche Nutzung der elektronischen Medien überspringen werden. Und es darf nicht übersehen werden, dass der große Bruder Orwells, der da manipulierend informiert, nicht nur durch ideologische Pression entstehen kann und mächtig wird, sondern auch

durch psychologischen Kaufzwang, durch Medienangebote, die Ver-
lockung, Traum und Sensation versprechen.

Dieser gesellschaftliche Wandel mit mehr Freiraum für den Men-
schen muss vor allem durch ein verantwortungsvolles medienpoli-
tisches Credo abgestützt sein, welches diesen Gefahren mit Vielfalt,
Wahrheit, Ehrlichkeit und Menschlichkeit begegnet, welches Stand-
ortbestimmung und Qualität des Medienangebots als wirksames
Mittel einsetzt gegen die Massenverdummung mittels banaler In-
formationsüberfütterung, wie sie Huxley in seiner „Schönen neuen
Welt" deutlich vor Augen führte. Würde, Persönlichkeit und Indivi-
dualität des Menschen bedürfen vor allem auch der zwischenmensch-
lichen Beziehung und Handlung und finden daher ihren Schutz und
sicheren Bestand nur dann, wenn den Medien neben ihrer eher iso-
lationsfördernden Informationsaufgabe zunehmend Funktionen ab-
verlangt werden, die der Kommunikation, als der Verständigung,
und dem Meinungsaustausch zwischen den Menschen dienen."

All das, was sich innerhalb der letzten 35 Jahre auf dem Gebiet der
Medien ereignet hat, war in der Dimension und Dynamik damals
nicht vorstellbar. Die beiden 1985 jubilierenden Unternehmen gibt
es in ihrer Form und/oder in ihrer damaligen Eigentümerschaft in-
folge zunehmenden Wettbewerbs und eines Konzentrationsprozes-
ses nicht mehr. Im 21. Jahrhundert wurde Lichtenbergs Blei längst
von der elektronischen Datenverarbeitung abgelöst: Redakteure und
Autoren ersetzten Setzer und – leider auch – Korrektoren. Die Digitalisierung hat in einer unfassbaren Dynamik die Gesellschaft massiv
verändert; ihre Vorteile in der Arbeitswelt und im individuellen Alltag
sind unbestritten, aber ihre negativen Wirkungen sind unübersehbar.
Notwendige ordnungspolitische Rahmenbedingungen werden oft
nur noch als verspätete Reaktionen wahrgenommen.

Vor der Jahrtausendwende schienen die Menschen ein aufgeklärtes Niveau erreicht zu haben, das mehrheitlich geprägt war von Vernunft, Mündigkeit, Selbstverantwortung, Toleranz, Freiheit und Sicherheit im Rahmen demokratischer Rechtsordnung. Die den Menschen beeinflussenden Informationen waren überschaubar sowie identifiziert und die Medien jeglicher Art konnten kontrolliert werden.

Was sich in den letzten Jahrzehnten durch den Gebrauch (und Missbrauch) von Informationen getan hat und was von globalen und daher unkontrollierbaren Datenflüssen und damit beeinflussenden Informationen durch die neuen Medien in Zukunft zu erwarten sein wird, lässt auch mögliche negative – und keinesfalls absurde – Szenarien zu.

Handys sind zu einem Teil des menschlichen Körpers geworden und besetzen zunehmend die Gehirnaktivitäten und geistigen Kapazitäten; Vernunft und der ohnehin schon eingeschränkte freie Wille weichen der Emotion und der Abhängigkeit. Das Sozialverhalten wird zunehmend geprägt von *Tweets* und *Likes*. *Blogger* und *Influencer* und vor allem die großen Datenunternehmen bestimmen in einem hohen Maß die Meinung und die Handlungsentscheidungen der immer zahlreicher werdenden *Follower*. Die Unterscheidung zwischen seriösen Informationen und *„News"* oder *„Fake News"* (unkontrollierbar und oft anonym) verschwindet in der Fülle und Geschwindigkeit der verfügbaren Botschaften. Weil Lesen (von Zeitungen, Zeitschriften und Büchern ohnehin) als zu anstrengend, zu schwierig und zu langweilig empfunden wird, beginnt als Folge der „Endtextlichung" Instagram auch schon *Twitter* zu überholen.

Big Data, Algorithmen und künstliche Intelligenz greifen massiv in die Privatsphäre der Individuen ein, deren Persönlichkeit der Bequemlichkeit geopfert wird. Mehr und mehr Millionen Menschen (nicht nur der Teenagergeneration) werden abhängig von den Einflüssen jener Unternehmen, Gruppen und Institutionen, die persönliche Daten analysieren, kategorisieren, in vorhandene große Datengerüste einbringen, aufbereiten und gezielte Entscheidungsgrundlagen liefern. Das vollzieht sich in allen Bereichen des Alltags, ersetzt die Selbstentscheidung und Selbstverantwortung und wird als Hilfe empfunden.

Dieser fortschreitende Prozess lässt Denken zum geistigen Luxusgut und die Menschen zu Cyborgs werden: Fremdbestimmte, willenlose, von teilweise dunklen Netzwerken und digitalen Algorithmen abhängige Geschöpfe. Eine Entwicklung mit einem teuflischen Risiko, weil diese Rechenvorgänge und Informationen bar jeglicher Art von Anstand, Taktgefühl und Ethik sind. Aber die Macht des Teufels besteht ja eben darin, die Menschen glauben zu lassen, dass es ihn nicht gibt.

Solche Szenerien weisen geradezu auf einen Kulturkampf zwischen Mensch und Maschine hin: Benutzen **wir** die Werkzeuge, die uns in vielen Bereichen dienlich sind, oder benutzen sie uns?

Da wir von diesen neuen Medien diesbezüglich keine Hilfe und keine Antwort erwarten können und auch die Regulierungsohnmacht staatlicher und internationaler Instanzen beobachten müssen, stehen uns als Kampfgefährten nur die traditionellen Medien zur Verfügung: Aktuelle und fachspezifische Periodika und Bücher als identifizierte Druck- oder Onlineprodukte; Sachbücher als ausführliche sprachliche Themendarstellungen und belletristische Produkte zur Erbauung und als Ruhepole in hektischen Situationen und unruhigen Zeiten. Beide Genres mögen uns auf den Weg der Selbsterkenntnis, der Selbstfindung und der Wahrung unserer Individualität und Würde weiterhin begleiten.

ADOLF A. OSTERIDER

Tanz am Olymp.

Aquarell auf handgeschöpftem Papier, 2004

HUBERT PATTERER

Leykam sah und siegte

Eigentlich ließe sich die Gratulation zu diesem imposanten Jubiläum in einem Satz zusammenfassen: Leykam sah und siegte. Doch damit bliebe die Würdigung dieser in Österreich wohl einzigartigen Erfolgsgeschichte, die vor 435 Jahren begann, doch recht unvollständig. Das Wort Umbruch spielt im Verlagswesen eine doppelte, gleichermaßen wichtige Rolle. Zum einen steht der Begriff traditionell für den formal korrekten Zeilenumbruch und das richtige Zeilenmaß, zum anderen für den wirtschaftlichen und technischen Wandel. Nun vermag kaum jemand noch zu sagen, wie viele Umbrüche und Wandlungen der Leykam Verlag im Lauf der Jahrhunderte erlebte. Was zählt, ist die Tatsache, dass sie allesamt gemeistert wurden; dem Druck folgte der Erfolg, durch Beständigkeit und Kontinuität.

Nun steht das gesamte Verlagswesen durch die Digitalisierung mit all ihren rasanten Begleiterscheinungen vor der größten Herausforderung seiner Geschichte. Ich bin fest davon überzeugt, dass das Haus Leykam auch in der digitalen Welt eine fixe Größe bleiben wird, durch neue Strategien, durch Innovation und – keineswegs zuletzt – durch den Entdeckergeist.

Er beschert mir als Literaturfreund immer wieder besondere Freude und Überraschungen. Vielen jungen Autorinnen und Autoren ebnete der Leykam Verlag den Weg in die weite Literaturlandschaft. Ich nenne hier, stellvertretend für viele andere einstige Talente, aus jüngerer Zeit Valerie Fritsch, die bei Leykam ihr Debütwerk veröffentlichte.

Wer druckt, steht unter Druck – dies ist ein Leitwort der digitalen Epoche. Neue Maßstäbe müssen im wahrsten Sinn des Wortes gesetzt, neue Wege eröffnet werden. Am Anfang dieser tiefen Verbeugung war vom Umbruch die Rede, mit dem Wort Aufbruch möchte ich den Kreis schließen. Ich wünsche dem Leykam Verlag viel Glück und Erfolg beim Aufbruch in eine neue Epoche! Denn wir alle, dem Lesen, dem Buch, dem geschriebenen und gedruckten Wort zugetan, erhoffen uns mit ganzem Herzen viele weitere Kapitel in dieser schier endlosen Erfolgsgeschichte, die auch unter dem Titel „435 Jahre Gemeinsamkeit" stehen könnte.

JOSEF PESSERL

Im besten Sinne „bildend"

Das außergewöhnliche Jubiläum des Leykam Verlags ist ein willkommener Anlass, das Buch als Vermittler und Förderer einer der wichtigsten Kulturtechniken, des Lesens, zu würdigen. Dass Bücher seit Jahrhunderten einen enorm wichtigen Beitrag zur Bildung der Menschen leisten, steht wohl außer Zweifel. Die Bedeutung des Kulturguts Buch kann gar nicht hoch genug eingeschätzt werden. Ein Buch zu lesen bedeutet nämlich auch, sich über das Gelesene Gedanken zu machen, darüber „nachzudenken" und seine Schlüsse daraus zu ziehen. In diesem Sinne üben Bücher einen großen Einfluss auf unser Wissen und unsere Werthaltungen aus, sind also im besten Sinne des Wortes „bildend". Ich bin davon überzeugt, dass der Trend zu Digitalisierung und zu möglichst kurzen Botschaften die Leselandschaft zwar verändern wird, das Buch aber auch in gedruckter und gebundener Form weiterhin seinen gebührenden Platz in einer diversifizierten Leselandschaft einnehmen wird.

Der Leykam Verlag spielt nunmehr über die schier unglaubliche Zeitspanne von 435 Jahren eine überragende Rolle in der Verbreitung des Kulturguts Buch. Ich wünsche dem Leykam Verlag, seinen Mitarbeiterinnen und Mitarbeitern sowie den Autorinnen und Autoren auch weiterhin viel Erfolg bei dieser Tätigkeit.

GEORG PETZ

Druck machen mit der Literatur

Es könnte kein schöneres Symbol am Anfang der Geschichte eines Verlagshauses stehen als die Druckerpresse. Sie steht um 1585, im „Gründungsjahr" der späteren Leykam Druckerei, für die Gutenberg'sche Revolution, die die alte, auf der (mündlichen) Tradition und ihrer Wahrung beruhende Kultur des Mittelalters durch die neuzeitliche „visual culture" einer niedergeschriebenen Literatur ersetzte. Damit ist sie Wappen und Waffenwahl der modernen Wissenschaften, der bürgerlichen Kultur, des Humanismus und des Liberalismus und einer Gesellschaft, deren regulierende Grundpfeiler schriftlich festgehalten und jedermann zugänglich sind. Diese Idee, die solcherart gemeinsam mit der Druckerpresse geboren wurde, ist heute immer noch dieselbe, die nun das Internet und die „neuen Medien" befeuert, selbst wenn die digitale „Tochter" der analogen „Mutter" mitunter den Rang abzulaufen droht.

Beide tragen dieselben Gene in sich, was sich auch daran ablesen lässt: Der Buchdruck war niemals nur Revolution und Medium einer neuen Ordnung (oder Gehilfe der bestehenden: so stand ja auch die vor 435 Jahren gegründete Druckerei Georg Widmanstetter im Dienste der jesuitischen Gegenreformation), sondern auch ein Geschäftsmodell, das sich seinen eigenen (gigantischen) Markt geschaffen hat.

So wie sich Demokratisierung und Marktwirtschaft in Europa seit der Erfindung des Buchdrucks gemeinsam entwickelt und gefördert haben, hat der literarische Massenmarkt auch erst die so vielschichtige und innovationsfreudige „Literatur" der Moderne und Postmoderne ermöglicht. Ähnliches gilt für die Wissenschaft, wo ein beständig wachsender Markt an Meinungen im Wettstreit um die überzeugendste These vom Humanismus bis zur modernen Cloud die Innovation, die Überwindung der alten und die Einsetzung neuer Ordnung(en) vorangetrieben hat.

Freilich dringt jede neue Ordnung auf ihre absolute Durchsetzung. Sie ist der Hobbes'sche Leviathan, wenn man so möchte, in dem die Macht des einzelnen zu einer gewaltigen Übermacht versammelt ist, die, soll sie sich nicht wieder geballt gegen den einzelnen richten, gegen einen fremden Feind, gegen eine „Gegenordnung" kanalisiert werden muss.

Die Ordnung unserer Zeit ist mittlerweile ohne Zweifel der Markt selbst: Er dominiert unsere Ideen, unsere Gesellschaft, die Wissenschaft, Politik und den Kulturbetrieb – den Betrieb, wohlgemerkt! Nichts scheint sich seiner Allmacht und seiner Logik vom Materiellen, vom Praktischen, von der Zweckhaftigkeit zu entziehen, so dass er mittlerweile ebenso unwidersprochen bleibt wie die Dogmen der religiösen Zeitalter. Auch im Druckereiwesen, auch im Verlagswesen, auch im Literaturbetrieb ist das unübersehbar der Fall.

Umso bemerkenswerter erscheint es mir daher, wenn sich nach 435 Jahren Leykam Verlag just in den letzten Jahren wider diesen Leviathan eine Lichtung für die „Literatur" – die „Poesie", wie Aristoteles sie genannt hätte – aufgetan hat, ohne das Suffix des „Betriebs" gleich im selben Atemzug zu führen.

Denn die „Poesie", wie Aristoteles schreibt, wie Shelley sie beschwört, wie Lotman es strukturalistisch nachweist, ist per se deviant. Sie ist immer Gegenordnung zur herrschenden Norm, eben weil sie sich nicht am Partikulären, Materiellen orientiert, sondern am Unsichtbaren, Universalen. Die Existenz, die Denkbarkeit einer solchen Gegenwelt muss dabei zwangsläufig bedrohlich für die Proponenten des herrschenden Diskurses wirken.

Und dennoch, gerade gegen sie hat sich der Leykam Verlag in den letzten 17 Jahren, in denen ich selbst Autor an diesem Haus sein durfte, bewährt: gegen die Übermacht bestehender Seil- und Freundschaften; gegen Ignoranz und Arroganz einer Öffentlichkeit, die sich selbst bequem geworden ist. Gegen die vorauseilende Unterwerfung unter die Dogmen von Markt- und Betriebswirtschaft: Niemals hat man mir künstlerische Extravaganzen vorgehalten, niemals die künstlerische Freiheit hinterfragt. Dass das heute eben längst nicht mehr die Norm ist, belegt einmal mehr die Notwendigkeit einer „poetischen" Gegenstimme und eines Verlagshauses, das dieser Stimme Artikulationsmöglichkeit gewährt.

Von der großen Geschichte und der Philosophie auf Graz und die Steiermark heruntergebrochen, was bedeutet das konkret?

Ich freue mich über 435 Jahre Leykam Verlag und darüber, dass ich einen Teil dieser Jahre, einen Teil all der Druckwerke und Bücher mitgestalten durfte.

Ich freue mich darüber, wie hartnäckig der Leykam Verlag immer noch „Literatur schafft" und wünschte mir, dass der Literaturbetrieb gegenüber diesem Schaffen offener wäre – aber womöglich muss man vorsichtig sein mit seinen Wünschen.

Ich wünsche dem Leykam Verlag zu seinem Geburtstag zudem lesende Politiker, Journalisten oder „Meinungsmacher", die sich der Notwendigkeit der „Poesie" bewusst würden, und eine mutige politische wie auch private Öffentlichkeit, die sich diesem Gegenentwurf auszusetzen wagt.

Ich wünsche dem Leykam Verlag eine neue, kulturell nachhaltigere Ordnung, in der es vielleicht gelingt, den Leviathan Markt wieder ein wenig zu entmachten, weil Literatur kein Produkt ist, weil Wert nicht gleich Wertschöpfung ist und „Poesie" niemals praktisch, zweckdienlich, ökonomisch oder funktional sein darf. Niemals dem Partikulären nachgebildet, niemals im Dienst partikulärer Interessen.

Ich wünsche den Büchern des Leykam Verlags zahlreiche offene Leser mit offenen Augen.

Und natürlich wünsche ich all den literatur- und buchbegeisterten Menschen und Mitarbeitern, die diese „Poesie" mit viel persönlichem Einsatz tragen, die die „Poesie" ins Verlagshaus getragen haben, alles Gute zum 435-jährigen Jubiläum.

JOHANNA PIRKER

„*Storytelling*" und *Spiele*

Wir wollten schon immer unsere Geschichten erzählen. Wir haben unsere Geschichten in Höhlen gemalt und graviert, haben Geschichten mündlich weitergegeben, bis wir schließlich erste schriftliche Darstellungen in Form von Erzählungen oder Gedichten für uns entdeckt haben. „Storytelling" war schon immer eine wichtige Methode, um Wissen und Erfahrungen weiterzugeben. Die Art, wie wir Geschichten teilen, hat sich über die Jahre verändert. In den letzten Jahren haben uns Bücher, Theater oder Film geholfen, in Geschichten einzutauchen.

Videospiele und auch Virtual Reality Erfahrungen sind neuere Mitglieder in der Familie der digitalen Geschichtenerzählung und ermöglichen eine neue interaktive Form des Storytellings. SpielerInnen können direkt in die Geschichten eintauchen und Teil der Geschichte werden. Sie können selbst Entscheidungen treffen, in den Schuhen eines anderen gehen und eigene Erfahrungen machen. So kann ich beispielsweise im autobiografischen Adventure-Spiel „Path Out" die Flucht des Syrers Abdullah Karam selbst durchleben, oder in „That Dragon, Cancer" miterleben, wie die Familie Green versucht, den Krebs ihres zwölf Monate alten Sohnes zu besiegen.

Spiele geben uns Möglichkeiten, Geschichten persönlich zu erleben, und bieten uns Interaktivität, die ein Film nicht geben kann. Durch diese Interaktivität oder auch Notwendigkeit, Entscheidungen zu treffen, bringen sie uns oft zum Nachdenken und dazu, die Welt durch die Augen eines anderen zu verstehen.

Diese digitalen Medien werden allerdings traditionelle Medien nicht ersetzen, sondern ergänzen, und bieten eine neue Art von interaktiver Erfahrung und interaktiver Geschichte.

OLIVER POKORNY
Sinnstiftend und nicht ersetzbar

Video killed the radio star? Ihre gedruckte Zeitung wird morgen das letzte Mal erscheinen? Das Buch ist tot? Vergessen Sie es! Das Buch wird uns alle überleben, denn als sinnstiftendes Medium ist es nicht ersetzbar. Möge es über viele weitere Generationen hinaus bestehen – in diesem Sinne auf zumindest weitere 435 Jahre!

MARTIN F. POLASCHEK

Als mir die Leykam eine Weihnachtsfreude machte ...

November 1999: Über den Sommer hatte ich gemeinsam mit Stefan Riesenfellner ein Buch fertiggestellt. „Plakate. Dokumente zur Steirischen Geschichte 1918–1955". Ein Bildband auf Basis der Plakatsammlung des Steiermärkischen Landesarchivs, die wir beide erstmals in ihrer Fülle durchsuchen durften. Die Arbeit war unter großem Zeitdruck erfolgt, denn der Umbau des Archivgebäudes am Karmeliterplatz stand kurz bevor. Der Zugang zu dieser Sammlung wäre für lange Zeit nicht möglich gewesen und es war für uns wie das Archiv eine Art Abschiedsgruß, den wir zu Papier bringen wollten. So blätterten Stefan Riesenfellner und ich im Spätsommer 1998 Tag für Tag von der ersten bis zur letzten Minute der Öffnungszeit die großen Mappen durch; bestens betreut durch Dr. Peter Obersteiner und sein Team. Plakate, welche für die Publikation in Frage kamen, wurden in einer Datenbank mit ihren Maßen und Zusatzinformationen erfasst und anschließend fotografiert. Die ausgewählten Plakate wurden dazu auf eine Holzplatte gelegt und an eine große Glaswand gedrückt, welche zwei der Leseräume im zweiten Stock trennt. Auf der anderen Seite der Wand stand ein Profifotograf mit einer Stativ-Kamera, der sie auf einen Spezialfilm bannte. Dieser wurde in der Folge mit einem Trommelscanner digitalisiert – eine sehr aufwendige Arbeit, die erst im Frühjahr 1999 getan war. Aus über 600 gescannten Plakaten wählten wir schließlich etwa 500 für das Buch aus und machten uns an das Verfassen der Begleittexte.

Die Finanzierung des Fotografen hatte Stefan Riesenfellner auf die Beine gestellt, für die Drucklegung des Buches waren allerdings zusätzliche Mittel nötig. Das Landesarchiv, welches das Buch gerne im Eigenverlag herausgebracht hätte, konnte die Kosten für einen Bildband in der erforderlichen hochwertigen Ausführung nicht alleine tragen. Dankenswerterweise konnte die Firma Ankünder, aus deren Sammlung der größte Teil der Plakate stammte, als Sponsor gewonnen werden. Und es war allen klar, dass ein professioneller Verlag für die entsprechende Verbreitung eines solchen „Schmuckstücks" notwendig war.

Die Wahl fiel leicht und schnell. Aufgrund des einschlägigen Verlagsprogramms der Leykam und der professionellen Begleitung direkt in Graz kam kein anderer Verlag in Frage. Wir (Landesarchiv, Autoren und Verlag) waren uns rasch handelseins und die Arbeit an der Publikation begann. Unsere Texte und die Plakate wanderten ins Layout, und schon bald saßen wir im Verlagsbüro in der Stempfergasse und brüteten gemeinsam mit dem Verlagsteam über den Entwürfen – welches Plakat passt wo in den Text, welche Plakate werden wie als „Anhang" gezeigt. Nur wenige Überarbeitungen waren nötig, die rasch eingearbeitet werden konnten. Etwas länger dauerte die Auswahl des Umschlages. Ich hatte mehrere Versionen erstellt und war für eine sehr grelle Variante in gelb und grün, während Stefan Riesenfellner und der Verlagsleiter, Mag. Klaus Brunner, für eine eher „düstere" in rot und schwarz waren. Ich ließ mich schließlich überstimmen, das Wort des Verlagsprofis gab den Ausschlag.

Im Spätsommer hatten wir die Druckfahnen in den Händen und im September wurde mit dem Druck begonnen. Die Veröffentlichung sollte Ende November erfolgen, gerade rechtzeitig fürs Weihnachts-geschäft. Das 256-seitige Buch mit Hardcover-Umschlag, Faden-bindung und allerbester Papier- und Farbqualität war in der Tat ein Prachtband, weshalb wir auf entsprechendes Interesse der zeitge-schichtlich interessierten Bevölkerung hofften.

Umso enttäuschter war ich, als ich mein Autorenexemplar im Verlag abholte. In der Buchhandlung des Verlages im Erdgeschoß stand ein Exemplar versteckt in einer Ecke der Auslage, meiner Ansicht nach zu wenig prominent. Ich konnte gegenüber dem Verlagsleiter mei-ne Enttäuschung nicht verbergen, der mir tröstend entgegnete, ich möge nur ein wenig Geduld haben. Wenig befriedigt zog ich von dan-nen und fragte mich, ob das denn alles die Mühe wert gewesen war. Am Nachmittag des folgenden Tages rief mich Herr Mag. Brunner an und teilte mir nur mit, ich solle bei Gelegenheit bei der Buchhand-lung Moser (sie hatte bis 2005 ihren Standort an der Ecke Herren-gasse und Hans-Sachs-Gasse vis-à-vis der heutigen Niederlassung) vorbeifahren. Neugierig, aber mit wenig Erwartung tat ich das an die-sem Abend und war mehr als überrascht. Eine der großen Auslagen der Buchhandlung auf die Herrengasse hinaus war nur mit unserem Buch bestückt. Eine hell erleuchtete große Glasfläche, und dahinter hell funkelnd zahllose Ausgaben unseres Buches. Ich war mehr als begeistert und gebe offen zu, dass ich in den nächsten Wochen öfter als notwendig dort mit dem Rad vorbeifuhr, nur um einen Blick auf „unsere" Auslage zu werfen.

Das Buch verkaufte sich in der Tat gut und wurde von allen Seiten gelobt. Für mich war es das erste Buch von vielen, die ich bei Ley-kam veröffentlichte, aber ich denke noch immer gerne an das erste gemeinsame Produkt zurück.

BIRGIT PÖLZL

LOL

Auch wenn 435 Jahre auf einem Verlagsrücken, der sich in all der Zeit zu einem Buckel verformt haben könnte, auch wenn also 435 Jahre auf einem Verlagsbuckel eine Versuchung darstellen, Nester für Zukunftssorgen einzurichten, werden wir darauf verzichten. Das Sich-Sorgenmachen liegt nämlich gerade unter uns Buchliebhaberinnen im Kurs, als sei es Lese-Grundlage, ich meine, ein Sich-Sorgenmachen, dem das Kämpferische larmoyant wird.

∗∗

Lesen scheint nah am Leben, am Lieben zu liegen, nur ein Buchstabe dazwischen *und überhaupt die Losigkeit an Raum gewinnt, die Knospigkeit und Raum sich dehnt –*, ja, Literatur kann Festgeschriebenes unterlaufen, Blickwinkel ändern, Horizonte weiten, Grenzen verschieben, Literatur kann aufmüpfig sein, das Denken gegen den Strich bürsten, Literatur kann das analog und Literatur kann das digital, *kann ich in deiner radikalen Utopie wohnen bitte, lese ich auf Twitter.*

∗∗

Literatur kann vom Anderen erzählen, und was bitte ist das Andere? Alles ist das Andere und Nichts ist das Andere, wirklich Nichts – Literatur hat das Paradoxe in den Falten, Taschen, Literatur wirft das Andere hoch, fängt es, wirft es wieder hoch, bis es freier macht, lol.

∗∗

Das Prinzip der Verbundenheit und das Prinzip des Wandels machen überall Wind, auch in der Literatur. Literatur ist Lesen, Schreiben, Literatur ist Text in seinen Bildern, seinem Rhythmus, seinem Klang und seinen Farben. Literatur ist Form. Und selbstverständlich braucht Literatur Flügel, denken wir an das geflügelte Pferd, vielleicht ist das Pferd auch ein geflügelter Hund oder eine geflügelte Schlange –, das uns durch das Notwendige: ans Herz der Zeit trägt, und das ist aktuell die gesprochene, auch die im Netz gesprochene Sprache und die verknappende, verdichtende Form.

lol ist ein Kürzel aus der Netz-Sprache, das Heiterkeit zum Ausdruck bringt, es steht für „laughing out loud".

ROBERT PREIS

Mut zur Zauberei

Mein erster Roman war eine morbide Träumerei und erschien im
Leykam Verlag. Das Buch hieß „Das Gerücht vom Tod" und handelte
vom Sturm der napoleonischen Truppen auf den Schloßberg und der
Schöcklhexe – ein intensives Scharmützel zwischen historischen De-
tails und in Szene gesetztem Horror. Ein Schauerroman, von dem ich
auch viele Jahre nach seinem Erscheinen immer noch gerne berichte
und mich darüber freue, dass er ungebrochenen Anklang findet.

Doch hinter dem vermeintlichen Solokraftakt des Autors steht in
Wahrheit eine lange Menschenkette, die an seiner Seite mitgewirkt
hat. Üblicherweise nennt sie der Verfasser am Ende seines Buchs. Er
verneigt sich vor ihnen und hebt sie auf die Bühne. Die Erstleser, die
Lektoren und jene, die durch ihr Wissen oder ihre Leidenschaft den
Text zu dem verhalfen, was er wurde.

Natürlich habe auch ich das gemacht.

Ein expliziter Dank blieb allerdings aus: jener an den Verlag.
Das möchte ich nun nachholen.

Nein, es war damals und ist heute keine Selbstverständlichkeit, jemanden zu finden, der ein unternehmerisches Risiko eingeht, um den Text eines unbekannten Autors zu bearbeiten, zu drucken und schließlich anzupreisen. Die viel größere Leistung war es aber, die Lust aufs Weitermachen zu fördern, das Staffelholz der Leidenschaft weitergereicht zu haben und damit auch den sportlichen Ehrgeiz, Geschichten zu erzählen – ein ums andere Mal. Genau das hat das Leykam-Team seinerzeit geschafft. Dafür mein großer Dank!

Ich war immer schon infiziert vom Zauber der bunten Branche der Geschichtenerzähler, wünsche aber dem Leykam Verlag ganz speziell weiterhin den Mut, es auch mit jungen, noch nicht arrivierten Autoren zu versuchen. Dann wird sie sich schon von alleine einstellen, diese immerwährende Magie, die von Büchern ausgeht. Dieser Zauber wird dann dafür sorgen, dass alles gut geht, ob in Buchform oder digital. Einerlei, solange der Verlag an die Geschichten glaubt – auch an jene, deren Erzähler noch ganz am Anfang stehen.

FRANZ PREITLER

Analoge Gefühle

Das gedruckte Buch durch eine papierlose, digitale Alternative ersetzen? Für mich nicht vorstellbar, denn was gibt es Schöneres, als ein
Buch in der Hand zu halten, das Papier zu riechen und mit den Fingern
jedes Blatt zu spüren, die Augen über die Seiten wandern zu lassen. Im
digitalen Text mag man sich fürwahr genauso verlieren. Das E-Book
ist dem gedruckten Buch schließlich kein Konkurrent, sondern ein Be-
gleiter. Lyrik ist überall, man muss sie nur sehen. Verschlingen allerdings digitale Onlinemedien die Lyrik, so werden daraus auf diversen
Plattformen knappe Sätze, abgehackte Gedanken, mit Abkürzungen
und Hashtags gespickt. Teilweise gute Gedankenansätze aus der jeweiligen Situation heraus, aber nicht weiter gereimt, gelesen oder gar
gedacht. Das Buch vermag diese flüchtigen Gedanken aufzufangen,
sich damit auseinanderzusetzen und bietet genügend Platz für spannende Geschichten und Zusammenhänge. Ein solches Werk verlangt
allerdings aufmerksame Leser, die sich Zeit dafür nehmen und über
viele Seiten hinweg von malerischen Sätzen gefesselt und in eine andere Welt versetzt werden wollen. Ich mag historische Erzählungen,
die vor unseren Augen die Geschichte lebendig werden lassen und das
Vergangene dem Vergessen entreißen. Das schaffen weder Online-Pos-
tings, über die man hinwegwischt, um gedankenverloren den nächsten
Gedanken zu fassen bevor man den vorherigen verarbeitet hat, noch
Blogs, bei denen man nicht zwischen den Zeilen zu lesen vermag.

JOHANNA RACHINGER

Das Buch
wird weiterbestehen

Vom kanadische Medientheoretiker Marshall McLuhan stammt der Ausdruck der „Gutenberg-Galaxis" für das halbe Jahrtausend europäischer Kulturgeschichte, das vom Buchdruck dominiert und beherrscht wurde. Der Leykam Buchverlag bzw. sein Vorgänger, die Offizin Widmanstetter, hat den größten Teil dieser Epoche des Buches – 435 Jahre – miterlebt und mitgestaltet. Damit zählt dieses Unternehmen zu den ältesten heute noch existierenden Verlagshäusern Europas.

Die politischen, sozialen und kulturellen Auswirkungen des Buchdrucks waren – wie wir heute rückblickend sagen können – tiefgreifend und fast unüberschaubar. Fast 500 Jahre lang dominierte das gedruckte Buch in der Folge nicht nur die Speicherung und Verbreitung von Wissen, die lineare, gleichförmige Ordnung der gedruckten Buchstabenreihe wurde zum grundlegenden Paradigma unseres Denkens überhaupt. Es entstand, so McLuhan, der „typografische Mensch", das heißt der in seiner gesamten Weltwahrnehmung und seinem Denken vom Buchdruck geprägte Mensch. McLuhan sah das Ende des Buchzeitalters – noch lange vor Internet und Smartphone – mit der Entstehung der elektronischen Medien (Telegraph, Radio, Film, Fernsehen) gekommen. Heute kommen wir nicht umhin festzustellen, dass das Medium des gedruckten Buchs seine Rolle als dominierendes Leitmedium unserer Kultur an Computer und Internet abgetreten hat.

Wir wissen aus der Geschichte aber auch, dass Medienrevolutionen fast niemals das alte Medium vollständig ersetzen, sondern seine Bedeutung relativieren, es aber parallel weiterbestehen lassen. Immer noch gibt es Malerei, lange nach der Erfindung der Fotografie, immer noch gehen wir gerne ins Theater und Konzert, obwohl es längst Radio, Film und Fernsehen gibt.

Um das Überleben des Buches brauchen wir uns, denke ich, keine allzu großen Sorgen zu machen, denn es hat sich über 500 Jahre bewährt und wird weiterbestehen. Nach Medientheoretikern wie Norbert Bolz ist „das Buch das einzige Medium, das den Bedürfnissen der Menschen entspricht. Es bietet den Trost der Überschaubarkeit."

GÜNTER RIEGLER

Mein O-Ton:

Bücher sind nicht nur Abenteuer im Kopf, sondern die Speicherme-dien des menschlichen Wissens- und Kulturbestandes schlechthin. Durch das geschriebene und gedruckte Wort entsteht hohe Verbind-lichkeit in der Wissensdokumentation, durch das geschriebene und gedruckte Wort wird darüber hinaus sichergestellt, dass dieses Wis-sen auch für spätere Generationen erhalten bleibt und verfügbar ge-macht wird. Das gedruckte Wort ist auch Ausdruck der Freiheit und Offenheit einer Gesellschaft.

Wer mich in meinem Büro besucht, sieht als erstes eine Bücherwand. Denn auch in meiner persönlichen täglichen Arbeit gilt es, schnell etwas nachschlagen zu können, seien es steuer-, finanz- und zivil-rechtliche Informationen, seien es auch kultur- und wissenschafts-geschichtliche Inhalte. All das auch physisch verfügbar zu haben, ab-seits von USB-Sticks oder Cloudlösungen, gehört zur Essenz unseres menschlichen kulturellen Daseins.

Ein herzliches Dankeschön und ein herzlicher Glückwunsch dem Leykam Verlag zu seiner langen Firmen- und Druckgeschichte!

ANDREA SAILER

Bücher sind Leben

Ein Buch ist ein Buch ist ein Buch. Das ist für mich in (Gertrude) Stein gemeißelt. Ein Buch hat ausnahmslos papierene Seiten. Alles, was auf einem Bildschirm steht, ist KEIN Buch und hat deshalb mit literarischem Lesen auch nur eingeschränkt etwas zu tun. Ein Text mag gut oder schlecht sein, nur: weiter- oder gar wegwischen können sollte man ihn nicht.

Was wäre ein Verlag ohne Bücher? Wie würde dann wohl eine Buchpräsentation ablaufen? Es wäre absurd, anstatt eines echten Druckwerkes nur einen Bildschirm vorzuzeigen. Und wie sollten Menschen, die Bücher geschrieben haben, dann der Öffentlichkeit daraus vorlesen? Ohne Buch in der Hand, vielleicht vom Tablet? Was für eine unelegante Vorstellung. Ganz zu schweigen von der Unmöglichkeit einer sogenannten Signierstunde.

Was würde aus vielen schönen Metaphern und überaus brauchbaren Redewendungen werden? Kann man denn über den Bildungsverfall im Zuge der Digitalisierung dann noch sagen, dass er „Bände spricht"? Redet dann noch jemand „wie ein Buch" oder gleicht er in seiner unverstellten Direktheit gar einem „offenen"?

Manche Bücher sind Freunde, und Freunde muss man anschauen, berühren, riechen können. Bücher können auch zu Liebhabern werden, dann dürfen sie sogar mit ins Bett. Oft sind Bücher gefällige Geschenke oder unverfängliche Mitbringsel, deshalb muss man sie verpacken und überreichen können. Bücher sind zeitlos, deshalb können sie mit keiner Zeit gehen. Im besten Fall ist ein Buch eine gelungene, überraschende oder nützliche Provokation – und allein deshalb muss es sich der üblichen, allumfassenden Digitalisierung widersetzen.

Bücher muss man benutzen können, mit Notizen und Anmerkungen versehen dürfen. Bücher soll man abstauben, einordnen, stapeln können. Lesezeichen sollten weiterhin verwendet werden können.

Bücher sind Leben. Wer seine gesamte Bibliothek in einem nüchternen, technischen Gerät gespeichert hat, gleicht einem Patienten auf der Intensivstation, dessen Leben sich auf einen Bildschirm mit ein paar Zahlen und Kuren reduziert. Für den Notfall mag das genügen, für jede andere Art von kultiviertem, persönlichem Dasein ist es zu wenig.

MARTINA SALOMON

Ein Hoch auf das Buch

Lesen verlängert das Leben, sagen Studien. Ich sage, Lesen erweitert den Horizont, öffnet die Tür zu neuen Welten, lässt uns zu einem besseren Menschen werden. Ein Hoch auf das Buch (und auf die Zeitung)!

PATRICK SCHNABL

Buch und Lesen in Zeiten der Digitalisierung

Kurt Tucholsky:
„Manche Menschen lesen überhaupt keine Bücher,
sondern kritisieren sie."

Zitate und Aphorismen markieren oft einen gelungenen Einstieg in einen Artikel oder in ein Buch, und zu den Themen „Bücher und Lesen" gibt es diese wie Sand am Meer. Ist das auch ein Zitat? Oder ein gelungener Beginn? Und hier steckt sie, die Ambivalenz, die standhaft das Verhältnis zwischen dem Digitalen und dem Analogen bestimmt. Und das offenbart Komplexität. In meiner Funktion als Leiter der Abteilung 9 Kultur, Europa, Außenbeziehungen des Landes Steiermark spiegeln wir die Welt der Digitalisierung wider, in dem wir Online-Formulare anbieten, unsere Inhalte auf unseren Websites benutzerfreundlich präsentieren und auf verschiedenen Social Media-Kanälen aktiv kommunizieren und informieren. Das ist auch ein Resultat, um Prozesse zu beschleunigen oder auch um Vorgänge zu optimieren. Gleichzeitig bleibt da aber auch die Sehnsucht nach Haptischem, Angreifbarem, der wir durch unsere Publikationen in Buchform nachgeben. Und mir persönlich geht es nicht anders: Ich benutze die neuen Medien, höre Podcasts und Hörbücher und gleichzeitig freue ich mich über eine handschriftliche Grußkarte, die dann besonders wertvoll ist. Für die Zukunft kann ich das auch nicht anders sehen als ambivalent: Der Mensch in seiner

Ganzheitlichkeit wird sich weiterhin sowohl mit der digitalen als auch mit der analogen Form von Medien beschäftigen und auseinandersetzen. Doch eines bleibt ohne Ambivalenz: Das Gefühl, ein Buch in Händen zu halten, vermag kein digitales Medium auszudrücken.

KURT SCHOLZ

Lesen. Stille. Lesen.

Wahrscheinlich gibt es keinen europäischeren Schriftsteller als Joseph Conrad. Geboren in der heutigen Ukraine, die damals zum russischen Zarenreich gehörte, war er weder Ukrainer noch Russe, sondern Pole. Mit elf Jahren Waise wuchs er bei einem Onkel auf: Im damals österreichischen Krakau, wo ihm die Einbürgerung verweigert wurde. Er geht nach Frankreich. Dort macht man ihn darauf aufmerksam, dass „ein Russe" auf französischen Schiffen nicht arbeiten darf. Irgendwie landet dann der junge Józef Teodor Konrad Korzeniowski in England. Zeitlebens hat er keine ordentliche Schule besucht. Dennoch beginnt er mit 32 Jahren seine Eindrücke aufzuzeichnen, auf einem britischen Frachtschiff. Er schreibt auf Englisch. Es ist seine dritte Sprache. Die ersten beiden sind polnisch und ein – akzentfreies – französisch. Mit 36 Jahren erscheint seine erste Erzählung. Sie ist der Beginn eines Weltruhms.

Joseph Conrad ringt zeitlebens mit der Sprache: Wie sein Vorbild Flaubert sucht er tagelang nach dem „mot juste", dem treffenden Ausdruck. Für beide ist das Ringen um das Wort und das Lesen ein und dasselbe: Ohne Lesen bleibt man wortlos. Stumm. Jedoch: Die Stille und das Lesen retten Joseph Conrad, reißen das Waisenkind aus der Einsamkeit. „Ich weiß auch nicht, was aus mir geworden wäre, wenn ich nicht ein lesender Junge gewesen wäre", schreibt er einmal. Nonnen, denen er anvertraut wurde, haben versucht, ihm bestimmte Bücher zu verbieten. Aber nicht zu lesen hätte für ihn Resignation und Verstummen bedeutet. Die Lektüre rettet ihn.

Die Forderung nach Leseerziehung ist mehr als das Greinen kultur-
pessimistischer Greise. Bücher und das Lesen erschließen die Welt,
verändern das Leben. Egal ob Revolutionärin oder Reformer, Künstlerin oder Wissenschafter – es gibt keine Biographie berühmter Persönlichkeiten, in denen das Lesen nicht eine überragende Bedeutung
einnimmt.

Sind das Buch und die Lektüre heute bedroht? Eher nein. Statis-
tisch lesen heutzutage mehr Menschen als je zuvor. Was sie lesen?
Ein Blick in die Bahnhofskioske und die Buchhandlungen auf Flug-
häfen gibt eine ernüchternde Antwort. Weltliteratur findet sich hier
selten. Aber ist das ein Grund zum Verzagen? Wurden nicht auch in
früheren Jahren die „Gartenlaube" und Dreigroschenblättchen eher
gelesen als die so genannte „schöne Literatur"? Was lesen die Minis-
ter in „Die letzten Tage der Menschheit"? Die „Muskete", ein humo-
ristisches Soldatenblatt. Der anspruchsvollen Neuen Freien Presse
gesteht Karl Kraus lediglich zwei Abonnenten zu: Einen vorletzten
und einen letzten. Dennoch las man zu seiner Zeit Musil, Schnitzler,
ja auch die großen Dramen und Romane vergangener Jahrhunderte.
Shakespeare, Goethe, Proust und Tschechow werden auch in Zukunft nicht verschwinden.

Lesen ist keine „Kulturtechnik" – es ist ein Schritt zum geglückten Leben. Lesen kann fröhlich stimmen, Trauer bewirken, unterhalten, nachdenklich machen, je nachdem, was man sucht. Es hilft, das zu finden, wonach zu fragen, wir zu oft vergessen haben: Die kurzen Augenblicke der Wahrheit: „The power of the written word makes you hear, makes you feel, makes you see. Reading you can find: Encouragement, consolation, fear, charm and, perhaps, also that glimpse of truth, for which you have forgotten to ask." Das, immerhin, schrieb schon der junge Joseph Conrad.

ROTRAUT SCHÖBERL

Das gedruckte Buch wird seine Zukunft nie verlieren

Vor vielen Jahren, als das E-Book neu und in aller Munde war, mussten wir lesen: Gutenberg ist tot. Das Buch ist Vergangenheit.

Nicht nur die Medien, die dies verkündeten, gibt es meist auch noch in gedruckter Form. Das Buch ist ein unverwüstlicher Faktor und überlebt alle Fortschrittshysterie und jede Untergangsprophezeiung. Das Buch ist und bleibt auch ein beständiges Tor zur Welt. Und dies wunderbarerweise bereits viel länger als 435 Leykam-Jahre!

GERALD SCHÖPFER

Totgesagte leben länger: Es lebe das Buch!

Es liegt bereits mehr als ein halbes Jahrhundert zurück: Die Antritts-vorlesung eines Ende der 60iger Jahre neu an die Grazer Karl-Fran-zens-Universität berufenen Universitätsprofessors, der als Guru für die wunderbare neue digitale Welt galt, habe ich auch heute noch in guter Erinnerung.

Die uns damals überaus beeindruckende neue Kernbotschaft laute-te: Wir sind auf dem Weg zum völlig papierlosen Zeitalter. In der zu-künftigen, von Computern begleiteten Arbeitswelt wird das Papier überhaupt keine Rolle mehr spielen, und so etwas wie Bücher und gedruckte Zeitungen werden bald der Welt von gestern angehören. Damals erheiterte mich der Gedanke, dass meine Enkelkinder einst Bücher nur noch im Museum bewundern werden können, wo die Druckwerke dann neben Dinosaurier-Eiern und anderen Relikten aus längst verflossenen Zeiten zu bewundern sein würden.

Blicken wir in die Gegenwart. Es hat sich seit der obigen Prognose tatsächlich viel getan. Zeitungen werden gerne auch im elektroni-schen Abonnement gelesen und die meisten Buchverlage weiten ihr Angebot an E-Books zielstrebig aus.

Dennoch spielt das traditionelle Buch nach wie vor eine zentrale Rolle und das Papier ist keineswegs aus unserer heutigen Welt verschwunden. Ganz im Gegenteil: der Papierverbrauch ist nicht versiegt. Pro Person werden in Österreich derzeit ca. 250 kg Papier pro Jahr verbraucht und die Tendenz ist steigend.

Vom papierlosen Büro sind wir trotz des verbreiteten Einsatzes neuer elektronischer Medien noch immer meilenweit entfernt. Smartphones und Tablet-PCs sind heute eine absolute Selbstverständlichkeit geworden, aber die neuen Technologien haben das Papier keineswegs verdrängt. Ganz im Gegenteil: Ein großer Teil der ausufernden E-Mail-Flut wird nach wie vor ausgedruckt und die Printer der meisten Büros sind gut ausgelastet.

Der Grund dafür ist, dass Menschen nicht nur aus Augen und Hirn bestehen, sondern auch die Haptik ihr Recht fordert. Deshalb möchten die meisten die Informationen im wahrsten Sinne des Wortes begreifen, die Texte in Händen halten und vom Papier ablesen.

So liegt es offenbar in der Natur des Menschen, dass das traditionelle Buch, trotz vieler negativer Prognosen, nach wie vor überlebt und vermutlich auch in der weiteren Zukunft seinen festen Platz haben wird.

Es lebe das Buch!

HERMANN SCHÜTZENHÖFER

Die Zukunft braucht das Buch

Trotz der heute gar nicht mehr wegzudenkenden, eindrucksvollen und rasanten – ja revolutionierenden – Entwicklung und Wirkung des Internets und der sozialen Medien ist es meine feste Überzeugung: Auch im Digitalzeitalter hat das Buch Zukunft. Die Zukunft braucht das Buch. Das Leseerlebnis, wenn ich ein gedrucktes Buch in die Hand nehme, ist einfach etwas Besonderes – wie es sich anfühlt, wenn man es umblättert, auch wie man es angreifen kann und wie es riecht. Und welch herrlicher Anblick Bücherregalwände sind. Vieles im Internet bietet den Vorteil der Schnelligkeit, einiges aber auch den Nachteil der Flüchtigkeit. Über die Instant-Information hinausgehend ist das Lesen längerer zusammenhängender Texte von entscheidender Wichtigkeit. Bücher lesen regt die geistige Auseinandersetzung und das weiterführende Denken an, beflügelt die Phantasie, eröffnet und erschließt neue Weltsichten, lässt in eine andere Welt eintauchen. Das ist unverzichtbar und das sollten auch künftige Generationen nicht missen.

Die Bedingungen des Büchermachens haben sich radikal gewandelt, sind sicherlich auch schwieriger geworden. Dass der Buchverlag Leykam nunmehr bereits 435 Jahre besteht – nahezu so lange, wie der Buchdruck in unseren Breiten durch Johannes Gutenberg seinen Siegeszug angetreten hat – ist eine enorme wirtschaftliche und kulturelle Leistung. Dazu gratuliere ich als Landeshauptmann der Steiermark sehr herzlich und wünsche, dass der Leykam Verlag die Zukunft des Buches in der Steiermark, in Österreich und im gesamten deutschen Sprachraum weiterhin mitprägen möge.

ANDREA SEEL

„*Lesen nährt das Denken.*"

EMMERICH SELCH

Enge Zusammenarbeit

Die beiden Traditionsunternehmen Leykam und Morawa verbindet bereits seit langer Zeit eine enge Form der Zusammenarbeit. Als Österreichs größter Buchauslieferer freuen wir uns, die Bücher des Leykam Verlags an den gesamten österreichischen Buchhandel vertreiben zu dürfen. Die Morawa-Leykam Buchhandelsgesellschaft betreibt Buchhandlungen an 6 Standorten in der Steiermark. Beide Unternehmen fühlen sich damit dem gedruckten aber auch dem digitalisierten Wort verpflichtet.

Wir gratulieren der Leykam Buchverlagsgesellschaft zu ihrem außergewöhnlichen Jubiläum und wünschen ihr weiterhin viel Erfolg bei ihrem geschäftlichen Gebaren.

GUSTAV SOUCEK

Wegbereiter einer besseren Zukunft

Der Leykam Verlag ist seit 1947 Mitglied des Hauptverbandes des Österreichischen Buchhandels. Mehr als die halbe Zeit unserer Existenz (der HVB wurde 1859 gegründet) dürfen wir dem Leykam Verlag zur Seite stehen und mit ihm für die österreichische Buchwirtschaft arbeiten. Wir sind so etwas wie ein Lebensbegleiter, auch wenn sich 73 Jahre Gemeinschaft gegenüber 435 Jahren Alleinstellung nur als ein paar Mal umblättern in der sehr umfangreichen und hunderte Seiten starken „Monografie Leykam" verstehen. Und nun sind wir gemeinsam mittendrin in einer der herausforderndsten Zeiten für das Buch, die Verlage, den Handel. „Digitalisierung" ist das Reizwort für unsere Zukunft. Ja, aber „Digitalisierung" ist auch unsere Zukunft! Denn nur mit der sinnvollen Umsetzung all ihrer Möglichkeiten werden wir uns von analog zu digital transformieren können. Digitale Produktion, Kommunikation, Distribution. Digital kann vieles, soll vieles – vor allem uns und unsere wirtschaftlichen Prozesse entlasten und verbessern. Aber digital wird eines nicht, das Lesen verdrängen. Denn am Anfang steht immer das geschriebene Wort, das Skriptum, das Buch. Denn ohne Dreh„Buch" kein Theater, kein Film, keine Inszenierung. Nicht einmal ein Werbespot auf YouTube. Verlage wie Leykam waren und sind immer die Wegbereiter einer transparenten und mündigen, ja, besseren Zukunft. Verlage sind dazu berufen, Neues zu verlegen und gerade jetzt steht verlegerisches Können im Mittelpunkt. Verlegen wir daher den Fokus unserer Bemühungen auf Tatkraft und Mut! So wie der Leykam Verlag. Danke und ad multos annos!

GERHARD STEINDL

Information und Inspiration

Mein erstes Buch, an das ich mich erinnern kann, war ein Kinderbuch mit Flugzeugen darin. Vielleicht bin ich deshalb ein technikaffiner Mensch geworden. Mich hat das Lesen stets bewegt und mein Leben bereichert. Bücher sind meine Quelle für Information, erzeugen Inspiration und liefern als Reisen im Kopf viel Freude. Lässt man sich auf ein Buch ein, wird man oft beschenkt – nicht immer –, aber es ist es immer wert.

MICHAEL STEINER

WAS Leykam so alles verlegt

Was ist WAS? Eine Zeitschrift in Buchform zum Vor-, Mit- und Nachdenken, diesseits realer Utopie, jenseits unwirklichen Zeitgeists, mit
Beitragenden aus vielfältigen Lebensbereichen, Frauen wie Männern.

Und wird von Leykam verlegt. Schon seit langem. Ursprünglich war
WAS eine Programmzeitschrift mit Kulturkalender des Grazer Forum
Stadtpark (ab 1972), später ein noch im studentischen Stil der 1970er
Jahre quasi händisch produziertes Periodikum, das ab 1980 auch im
Layout an Farbe gewann, mit Themen wie „Zeit und Geduld", „Der
Stand der Dinge", „Boxen und Kunst". Ab Band 48 (1985) begann die
Kooperation mit Leykam, die sich in unterschiedlicher Form und insti-
tutioneller Ausprägung bis in die Gegenwart fortsetzt.

Bis 2009 wurde die Herausgeberschaft in Zweisamkeit mit Gerfried Sperl betrieben. Umso wichtiger wurde nach seinem Ausscheiden das Redaktionsteam – manche sind schon seit den 1980er Jahren dabei (wie Margot Matschiner-Zollner, Norbert Mayer, Meinrad Handstanger), andere fügten sich sukzessive ein (wie Daniela Strigl, Margot Wieser, Anita Mayer-Hirzberger, Kurt Wimmer, Teresa Indjein), auch die Jugend ist vertreten (Stephan Leixnering, Katharina Steiner).

Gemeinsam finden wir für den nun jährlich erscheinenden Band das jeweilige Thema – zuletzt waren dies „wieder bieder" (2017), „Das Böse" (2018), „Echt wahr?" (2019). 2020 befällt uns „Angst". Die Themenfindung ist immer schwierig und sensibel: Worüber lohnt es sich, nachzudenken, nachdenken zu lassen? Und es bedarf meist eines ein- bis zweistündigen inspirativen Brainstormings.

Thema gefunden, wer schreibt? Jedes WAS ist ein hohes Risikounternehmen: Wen können wir fragen? Wie finden wir Autorinnen und Autoren? Wir haben zwar einen großen Bekanntenkreis, der hohe Prominenz mit kreativer Jugend vereint, aber wer passt zum jeweiligen Thema? Und wer fällt uns sonst noch ein – aus ganz unterschiedlichen Welten: Kunst, Kultur, Literatur, unterschiedliche Wissenschaften, Wirtschaft, Publizistik, Politik, Religion, Sport – immer ein multiperspektivischer Zugang. Und wenn wir sie fragen, schreiben sie auch? Ohne Bezahlung! Und wenn sie schreiben, ist es publikationswürdig? Risikounternehmen somit! Auch finanziell – wir haben keinen Dauersponsor, müssen das Geld für Druck und Layout jedes Jahr neu aufstellen. Immerhin: Band 113 ist in Planung!

Warum tun wir das? Weil uns die Lust am Vor-, Mit- und Nachdenken immer wieder überkommt. Und weil wir jeden Band als einen Beitrag zum gesellschaftlichen Diskurs verstehen, jedes WAS für uns dahingehendes Engagement darstellt. Gleichzeitig ist der revolvierende eineinhalbjährige Produktionsprozess – solange braucht es von der Themenfindung bis zur Fertigstellung und Präsentation – ein geistanregender und wissensverbreitender Vorgang: WAS als intellektuelles Fitnesszentrum für alle Beteiligten! Auch für die immer zahlreicher werdenden Leserinnen und Leser und Käuferinnen und Käufer, auf deren Zuwachs wir weiterhin hoffen.

BARBARA STELZL-MARX

Lesestück

„Lesen ist Abenteuer im Kopf" – eine Postkarte mit dieser Aufschrift stand während meiner Schulzeit lange in meinem Bücherregal. Ich wollte immer einen Beruf haben, bei dem ich viel mit Büchern zu tun haben würde, mit gedruckten Werken, denn von E-Books waren wir in den 1980er Jahren noch weit entfernt. Das ist geglückt. Lesen und Publizieren gehören zu meinem Alltag.

Immer wieder hört man die Frage, ob das klassische Buch eine Zukunft haben wird. Vorbei scheinen die Zeiten, als man in U-Bahnen Menschen in Büchern blättern sah. In der Moskauer Metro hatte beinahe jeder Passagier etwas Gedrucktes bei sich. Auch in den Warteschlangen vor den (post-)sowjetischen Geschäften lasen die meisten ein Buch. Die Schlangen gibt es in dieser Form nicht mehr und in der U-Bahn dominieren Handys und Tablets.

Doch erlebt das Buch eine Renaissance. In den USA etwa stagniert der Absatz der E-Books eher, während kontinuierlich mehr Bücher verkauft werden. Auch in Österreich hat anscheinend eine Trendwende eingesetzt. Kleine Buchläden blühen auf und ausgerechnet die Jungen, die den ganzen Tag vor dem Bildschirm sitzen, suchen eine digitale Auszeit. Bücher sind greifbar, haben einen eigenen Geruch, sind ästhetisch ansprechend und vergleichsweise unempfindlich gegenüber zu grellem Licht oder Sand, nimmt man sie in den Urlaub mit. Die Modemarke Tote-Bag hat jüngst sogar eine eigene

Tasche kreiert, die ein eigenes Fach für gedruckte Literatur aufweist. Ich danke dem Leykam Verlag für die fruchtbringende Zusammenarbeit mit dem Ludwig Boltzmann Institut für Kriegsfolgenforschung über viele Jahre, die in einer ganzen Reihe von Büchern sichtbar wird: Liebenau, Bildungshaus Schloss St. Martin, Migration, Stationen gemeinsamer Geschichte von Österreich und Russland, der „Anschluss" 1938 im internationalen Kontext, um nur einige zu nennen. Zum 435-Jahr-Jubiläum des wahrscheinlich ältesten Verlags Österreichs gratuliere ich herzlich und freue mich auf zukünftiges gemeinsames Herstellen neuer Lesestücke.

MARKUS STEPPAN UND HELMUT GEBHARDT

Grazer Rechtswissen- schaftliche Studien

Die Tradition der Reihe Grazer Rechtswissenschaftlichen Studien, die bis heute insgesamt 68 Bände umfasst, reicht bis ins Jahr 1957 zurück. Damals begründete Hermann Baltl (1918–2004), der langjährige Doyen der österreichischen Rechtsgeschichte, mit den *Grazer Rechts- und Staatswissenschaftlichen Studien* eine Publikationsplattform, die bis 2002 insgesamt 59 Werke vorweisen konnte. Der von ihm gewählte Reihentitel orientierte sich an der damaligen Rechts- und Staatswissenschaftlichen Fakultät der Karl-Franzens-Universität, die nicht nur die rechtswissenschaftlichen, sondern auch die sozial- und wirtschaftswissenschaftlichen Fächer einschloss. Ein besonderes Anliegen Hermann Baltls war es, auch innerhalb dieser Fächer möglichst breite Themengebiete abzudecken. Diese reichten beispielsweise von rechtsarchäologischen Themen, über strafrechtliche, kirchen- und zivilrechtliche bis zu öffentlich-rechtlichen Themen, wie etwa Gemeinderecht, Polizeirecht, Aufbau der Rechtsordnung sowie Verfassungsfragen unter Berücksichtigung der sozialen und kulturellen Dimensionen des Rechts.

Hermann Baltls Grundprinzip als Herausgeber der Reihe war, nicht nur bereits etablierte ForscherInnen zu Wort kommen zu lassen, sondern auch jungen Nachwuchskräften Gelegenheit zu geben, ihre ersten großen wissenschaftlichen Arbeiten zu veröffentlichen. Und so finden sich unter den AutorInnen der Reihe fast durchwegs hochkarätige WissenschaftlerInnen, die sich die ersten Sporen verdienen konnten und die zum sowohl nationalen als auch internationalen Renommee der Reihe beigetragen haben. Besonders zu erwähnen ist die Tatsache, dass Hermann Baltl als Herausgeber zeitlebens versucht hat, geographische und ideologische Grenzen zu überwinden. Besonders eindrucksvoll belegt dies die Veröffentlichung von Sergij Vilfans Rechtsgeschichte der Slowenen. Aus heutiger Sicht sicher nichts Außergewöhnliches, zum Zeitpunkt des Erscheinens des 21. Bandes, im Jahre 1968, aber geradezu revolutionär. Ein weiteres exemplarisches Schlaglicht soll auf die Festschrift zum 60. Geburtstag für Walter Wilburg gerichtet werden, in der seine Kollegen das Werk und Wirken des Forschers gewürdigt haben. Walter Wilburg wurde 1945 zum ordentlichen Professor für Zivilrecht an der juridischen Fakultät in Graz ernannt. Internationale Bekanntheit und Wertschätzung erfuhr er durch das von ihm entwickelte Konzept des beweglichen Systems, welches das Recht als organisches Zusammenspiel von Kräften ansieht, und durch seine Arbeiten zum Schadenersatzrecht, hier insbesondere zum Bereicherungsrecht. Die Arbeiten Wilburgs haben die Entwicklung des Zivilrechts nicht nur im deutschsprachigen Raum maßgeblich geprägt.

Nach dem Tod Hermann Baltls im Jahr 2004 übernahmen auf dessen Wunsch die beiden Rechtshistoriker Markus Steppan und Helmut Gebhardt die Herausgeberschaft. Inzwischen eingetretene Veränderungen machten maßvolle Schritte der Neupositionierung der Buchreihe notwendig. Dazu zählte nicht nur die zeitgemäßere Gestaltung des optischen Erscheinungsbildes, sondern auch die Anpassung des Reihentitels. Mit der Beschränkung auf *Grazer Rechtswissenschaftliche Studien* sollte auch nach außen die eigentlich schon seit langem bestehende Ausrichtung auf primär juristische Themen dokumentiert werden, wobei allerdings weiterhin der rechtswissen-schaftliche Fächerkatalog in seinem umfassendsten Sinne erfasst werden sollte. Seit der Neupositionierung der Reihe im Jahr 2005 wurden neun Bände publiziert. Die beiden nunmehrigen Herausgeber setzen die Tradition des Begründers insofern fort, als auch sie ver-suchen, ein möglichst breites Spektrum an Themen abzubilden. Der erste Band nach der Übernahme der Reihe war 2006 *Polizei, Recht und Geschichte*, ein Sammelband der Vorträge des 14. Kolloquiums zur Polizeigeschichte. Darin wird das Spannungsverhältnis zwischen den Erfordernissen der inneren Sicherheit und der Rechtsstaatlich-keit mit 13 Beiträgen aus fünf europäischen Staaten aus historischer Perspektive vom 18. bis ins 20. Jahrhundert beleuchtet.

Drei Jahre später wurde die Festschrift für Gernot Kocher zum 65. Geburtstag, unter dem Titel *Recht und Geschichte*, als Band 61 veröf-fentlicht. In insgesamt 42 Beiträgen von ForscherInnen aus Dänemark, Deutschland, den Niederlanden, Slowenien, Polen, Ungarn und Öster-reich wurde hier versucht, dem breiten Spektrum der Interessen und Arbeitsgebiete des Jubilars Rechnung zu tragen. Band 62 beleuchtete die *Stellenbesetzung im öffentlichen Dienst*, wobei neben der rechts-historischen Betrachtung insbesondere auch das geltende rechtliche Objektivierungsverfahren Gegenstand der wissenschaftlichen Ausein-andersetzung war. Ein grenzüberschreitendes Thema, *Das parlamen-tarische System in Slowenien und Österreich im Vergleich*, wurde in Band 63, welcher 2009 erschienen ist, beleuchtet. Im 64. Band, 2010 erschienen, nähern sich 20 WissenschafterInnen aus Polen, der Slo-wakei, Tschechien, Deutschland und Österreich dem Thema *Leben nach dem Tod – rechtliche Probleme im Dualismus: Mensch-Rechts-subjekt*. Band 65 wiederum widmet sich dem öffentlichen Recht, *der Entwicklung des steiermärkischen Baurechts im Zeitraum von 1848 bis zur Gegenwart*. Der Band 66, *Das Recht des mittelalterlichen*

Zagreb, spannt einerseits den Bogen zwischen der gemeinsamen Rechtsgeschichte der heutigen Staaten Kroatien und Österreich und gibt andererseits im zweiten Teil der Arbeit Einblick in die Entwicklung des Sachenrechts und die Rezeption des römischen Rechts anhand der Rechtsprechung der geistlichen Jurisdiktion in Zagreb. Der vorletzte, der 2018 erschienene Band 67 der Reihe, thematisiert die *Gemeinsamen Wurzeln und Elemente des österreichischen und ungarischen Familienrechts*. Ausgangspunkt dieser Publikation war ein gemeinsames Lehrprojekt zwischen den rechtshistorischen Instituten der Universitäten Graz und Pécs. Gemeinsam mit Lehrenden beider Fakultäten wurden Studierende angeleitet, rechtsvergleichende Forschungen zum Thema Familienrecht, insbesondere zum Eherecht, zu betreiben. In einer zweiten Phase wurde unter Einbeziehung von AnwältInnen und RichterInnen aus Graz und Pécs die Theorie mit der Praxis, sowohl in Österreich als auch in Ungarn, verglichen.

Der vorerst letzte Band, *Die Waldweide in Österreich als Zankapfel zwischen Bauern und Waldeigentümern*, 2019 erschienen, widmet sich einem aktuellen, agrarrechtlichen Thema. Hier wird die Frage beleuchtet, inwieweit die zur Mitte des 19. Jahrhunderts abgeschlossenen Regulierungsvergleiche zwischen WaldnutzerInnen und WaldeigentümerInnen noch zeitgemäß sind. Dabei ist insbesondere die Anzahl der einzutreibenden Weidetiere kritisch zu hinterfragen, wurde doch durch die Zuchterfolge der letzten Jahrhunderte die Milchleistung der Tiere drastisch gesteigert – was aber untrennbar mit einem deutlich erhöhten Futterbedarf der Tiere verbunden ist, der wiederum eine wesentlich extensivere Nutzung der Wälder durch die Berechtigten, als zur Mitte des 19. Jahrhunderts, nach sich zieht.

Wie man unschwer erkennen kann, bildet die Publikationsreihe einen weiten Bogen ab, der zeitlich vom Mittelalter bis zur Gegenwart und thematisch von der Rechtsgeschichte über das Privatrecht bis hin zum Öffentlichen Recht reicht. Besonderes Augenmerk wurde auch auf die internationale Dimension der Themen gelegt, mit einem besonderen Schwerpunkt auf die Staaten, die mit Österreich auf Grund gemeinsamer historischer Traditionen besonders eng verbunden sind, wie insbesondere die südöstlichen Nachbarstaaten Slowenien, Kroatien und Ungarn.

Mehr als sechs Jahrzehnte sind seit Entstehen der Publikationsreihe vergangen. Während dieses langen Zeitraums konnten sich sowohl Hermann Baltl als auch Markus Steppan und Helmut Gebhardt stets auf die professionelle Zusammenarbeit mit dem traditionsreichen Verlag Leykam verlassen, dessen Geschichte sehr eng mit der Universität Graz verbunden ist. Bereits einige Jahre vor dem Tod Hermann Baltls waren die nunmehrigen Herausgeber in die Betreuung und Umsetzung einzelner Buchprojekte eingebunden. Nicht zuletzt war dies mit ausschlaggebend dafür, dass sich der Übergang zur neuen Reihe Grazer Rechtswissenschaftliche Studien als so friktionsfrei erwies. Die professionelle Zusammenarbeit der nunmehrigen Herausgeber mit dem Leykam Verlag, mit Herrn Mag. Klaus Brunner und Dr. Wolfgang Hölzl, war mit ein Grund dafür, dass der Übergang von Alt auf Neu so wunderbar funktioniert hat.

Insbesondere kümmerten sich in den letzten Jahren die Verantwortlichen des Leykam Verlags – allen voran Verlagsleiter Dr. Wolfgang Hölzl und seine Mitarbeiterin Frau Dagmar Holzmann – mit überaus großem Engagement um die Realisierung der einzelnen Bände der Buchreihe. Durch die gemeinsame Arbeit, das Streben nach größtmöglicher Perfektion ist es nicht nur gelungen, die *Grazer Rechtswissenschaftlichen Studien* neuerlich zu etablieren, sondern es konnten darüber hinaus persönliche Freundschaften geschlossen werden. Um eine traditionsreiche Buchreihe mehr als 60 Jahre am Leben zu erhalten, ist es nicht nur erforderlich, immer wieder qualifizierte AutorInnen zu finden, sondern bedarf es auch eines Teams, welches die Umsetzung durch persönliche Gespräche fördert und mit Rat und Tat unterstützt. Es zählt nicht nur die professionelle Abwicklung, sondern auch das Zwischenmenschliche, welches maßgeblich zum Gelingen beiträgt. Es ist an uns, Dr. Hölzl und Frau Holzmann dafür unseren aufrichtigen Dank auszusprechen und unserer Hoffnung Ausdruck zu verleihen, dass wir in Zukunft noch viele Bücher gemeinsam mit Ihnen und dem Leykam Verlag produzieren werden.

ALFRED STINGL

Anker für die Gesellschaft

1585 – ein Gründungsjahr der Buchdruckerei und des Verlages Leykam, das auch dem Begründer Andreas Leykam gewidmet werden
muss. Heute noch erinnert auf dem Gebäude Stempfergasse 7 ober-
halb des seinerzeitigen Eingangstores in die Druckerei eine Tafel an
diese Persönlichkeit. Das graphische Gewerbe darf Andreas Leykam
auch in der Zeit der Digitalisierung nie vergessen. Die vergangenen
Jahrhunderte haben Kultur, Wissen, Information und den Blick auf
positive aber auch negative Entwicklungen zu den Menschen ge-
bracht.

Heute gilt es die neuen Herausforderungen der Digitalisierung zu bestehen und dies in einer neuen Medienwelt, in der eine kapitalorien-
tierte Globalisierung für viele Irritationen sorgt.

Es erfüllt mich mit Dankbarkeit, dass ich Erinnerungen an die Zeit
meiner Berufsausbildung als Schriftsetzer von 1953 bis 1957 in der
Druckerei Leykam wachrufen darf. Vom zu erlernenden Beruf hatte ich als 13- bis 14-jähriger Schüler der Fröbel-Hauptschule keine
Ahnung. Wohl aber wünschte ich mir immer Bücher; eine klare Aufklärung, wie ein solches Buchwerk entsteht, war bestenfalls beiläu-
fig. Meine Bewerbung um Aufnahme als Schriftsetzer-Lehrling gab
ich herzklopfend ab, dazu noch die Schulzeugnisse. Allein der Gang
durch das Eingangstor, der Weg im Leykam-Gebäude in den 2. Stock –
dort war auch die Setzerei – war wie eine Prüfung. Die wirkliche Prü-

fung war dann die bald folgende Aufnahmeprüfung. Bei dieser stand Deutsch im Vordergrund, aber auch Rechnen, Zeichenblätter aus der Schule, Literatur und Geographie waren Prüfungsinhalte. Dann kam die schriftliche Nachricht, dass ich am 24. August 1953, um 7.00 Uhr früh mit einer 3-monatigen Probezeit mit der Lehre beginnen könne. Mit drei weiteren Kollegen tauchte ich in eine uns fremde Arbeitswelt ein. Spannende Wortbezeichnungen, Arbeitsgeräte, Maschinen und ein Meer an Bleibuchstaben aller Größen, wohlgeordnet in Setzkästen, beherrschten die Arbeitsplätze in der sogenannten „Gasse".

Das Buchstaben-Sortiment von den kleinsten Größen wie Perl, Nonpareille, Petit oder Cicero bis zu den Plakat-Buchstaben und Titelgrößen tat sich als faszinierende Welt auf. Diese wurde für Zwischenräume zwischen, den Worten um die sogenannten Spatien ergänzt. Das Zusammenfügen von Worten erfolgte im „Winkelhaken", dem klassischen Arbeitsgerät des Setzers, wo auch das Breitenformat einer Drucksorte fixiert wurde. Allein diese nicht vollständige Aufzählung von Grundlagen für Arbeitsvorgänge mögen die Komplexität vom Entstehen eines Druckwerkes aufzeigen – von der Visitenkarte über DIN-Formate, Buchseiten bis zu Plakaten aller Art. Eine besondere Herausforderung waren oft Manuskripte, die durch eine passende Buchstaben-Schriftwahl und fast künstlerisch anmutende Raumeinteilung, dem Auftrag und Geschmack des Auftraggebers zu entsprechen hatten. Da konnten wir von den Ausbildnern und deren Erfahrungen viel lernen.

Die Praxis-Lehre wurde begleitet von 3 Berufsschuljahren – Deutsch-Kenntnis und Gestaltung von Druckwerken einschließlich Farbenlehre standen im Mittelpunkt. Nach 3 ½ Jahren unter der Aufsicht der Ausbildner wurden wir in die Eigenständigkeit entlassen. Dies diente im 4. Lehrjahr der Vorbereitung des ersten Gehilfen-Jahres unter der Maßgabe der Beherrschung aller Kenntnisse eines Schriftsetzers.

Den Schlusspunkt setzte die „Gautsch" – eine oft ziemlich grobe Wassertaufe zum Gaudium der schon länger und lange tätigen „lieben" Kollegen. Und anschließend gab es zum Trost nicht zu wenig Bier. Dieses Weihwasser der Setzer und Drucker begleitete uns in den nächsten Lebensabschnitt.

Eine Schlussbemerkung, die auch als Kritik aufgefasst werden kann, soll zeigen, welchen Wert und welche Wertigkeit die Buchdruckerkunst in Graz verloren hat. Das Ende der Druckerei Leykam, mit ihrer über Jahrzehnte nachgewiesenen Qualität, schmerzt bis heute, wenn man ehemalige Kollegen trifft. Sie stellen oft resignativ die Frage nach dem WARUM. Einig sind wir uns, dass ein Kulturträger verloren ging, im Netzwerk ökonomischer Regeln.
Ich spreche die Hoffnung aus, dass der Leykam Verlag in der neu angebrochenen Ära der Digitalisierung seinen Kulturauftrag zukunftsorientiert erfüllen kann.

In keiner Zeit soll/darf der Stellenwert des Buches minderwertig werden! Es hat das Buch einen persönlichen Wert. Es ist ein Kulturgut – und das soll es bleiben, gerade in einer weltaufgeschlossenen Zeit. Es scheint mir manchmal das Oberflächliche, das unsere Gesellschaft prägt. Das Buch ist ein Anker für eine bildungsorientierte Gesellschaft – von dieser Hoffnung sollten wir getragen sein! Das alte, gültige Wort der ehemaligen Setzer und heutigen Drucker soll in Geltung bleiben:

„GOTT GRÜSS DIE KUNST"

KARL STOCKER

40 Jahre Zusammenarbeit

Es war im Jahr 1981, als unser Team von Historikern einen Sammelband zum Thema „Fohnsdorf" erarbeitet hatte und nun auf der Suche nach einem Verlag war. Wir alle waren enthusiastisch und motiviert, aber aufgrund unseres noch jungen Alters sehr unerfahren, wie man das erfolgreich bewerkstelligen sollte. Die ersten Verlagskontakte waren nicht von Erfolg gekrönt, niemand wollte unsere durchaus sozialkritisch angelegte Studie publizieren. Schon etwas resigniert gab mir schließlich Herwig Ebner, langjähriger Vorstand am Institut für Geschichte der Karl-Franzens-Universität, den Rat, Hermann Baltl, den Vorstand des Instituts für Österreichische Rechtsgeschichte zu kontaktieren, der uns – so Ebner – sicherlich weiterhelfen würde. Und tatsächlich: Baltl gefiel unser Projekt, er unterstützte es sofort und stellte den Kontakt zum Leykam Verlag her, der dann unser Werk mit dem Titel „Fohnsdorf. Aufstieg und Krise einer österreichischen Kohlenbergwerksgemeinde" 1982 herausbrachte. Die Auflage von 1.500 Stück war schnell vergriffen, das Werk wurde auch ausgezeichnet und wir jungen Historiker hatten unsere erste selbständige Publikation.

Im Laufe meiner Karriere hatte und habe ich mit verschiedensten Verlagen zu tun. Aber auch heute arbeite ich nach 40 Jahren immer wieder gerne mit dem Leykam Verlag zusammen. So wurde im Laufe der letzten 15 Jahre eine Reihe von Publikationen aus unserem Institut „Design und Kommunikation" der FH JOANNEUM / University of Applied Sciences publiziert. Mit Wolfgang Hölzl hat der Verlag einen innovativen Verlagsleiter, der sehr aufgeschlossen auf unsere diversen Projekte reagiert. Lieber Wolfgang, herzliche Gratulation zu eurem Jubiläum und lass uns noch viele Projekte miteinander realisieren!

RAHIM TAGHIZADEGAN

Das Buch ist tot, es lebe das Buch!

Im Zeitraum von wenigen Jahrhunderten, im letzten Hundertstel Prozent der Menschheitsgeschichte, wurde die Welt von einem Wunder erfasst. Das technische Wissen vermehrte sich exponentiell und damit auch der Wohlstand. Unsere Vorfahren, kleine Bevölkerungen auf einem fast leeren Planeten, hungerten, begruben die Mehrzahl ihrer Kinder, lebten in Angst vor Seuchen und Fehlernten, während heute trotz wachsender Milliardenbevölkerung weltweit der Hunger abnimmt und die Lebenserwartung steigt.

Der Schlüssel zu diesem Wunder war das Buch: Es steht für die unterschätzte geistige Komponente des menschlichen Wirtschaftens und Wirkens. Die Zunahme an Büchern – seit dem Buchdruck ebenfalls exponentiell – ist Ausdruck einer besonderen gesellschaftlichen Einstellung: aktives Interesse an der geistigen Auseinandersetzung mit der Welt in einem wissensteiligen Prozess, der über die eigene Person und die eigene Gegenwart hinausreicht.

Auch wenn technisches Wissen direkt wirkmächtiger scheint, sind es nicht die Handbücher der Ingenieure, die Anleitungen für Maschinen, die Baupläne, welche die Wissensvervielfachung in Gang gesetzt haben; sie sind die Symptome dafür, dass der Prozess schon läuft. Doch dieser Prozess ist nicht selbstverständlich. Die freche Neugierde, die kritische Prüfung des Bestehenden, das Wagnis des Neuen sind Errungenschaften einer lebendigen Buchkultur.

Die Ingenieure müssen dann gar nicht belesen sein. Doch ohne die Vorarbeit der Bücher hätten sie ihre Wirkung niemals entfalten können. Die Grundhaltung des kritischen Diskurses, die Alphabetisierung, das Aufschwingen von Zwergen auf die Schultern von Geistesriesen, die Wertschätzung des Wissens – ohne Bücher hätten sich diese Haltungen nicht verbreiten können.

Nun scheint der technische Fortschritt, entfesselt durch die Buchkultur, das Buch selbst zu ersetzen. Immer bessere Bildschirme, immer bessere Eingabegeräte und eine gigantische Weltbibliothek in der digitalen Wolke lassen Papier und Lettern so alt aussehen wie Pergament und Feder. Doch das Buch ist, wie jedes Gut, nicht durch seine objektive Materialität, sondern durch seinen subjektiv erfassten Sinn definiert: Das Buch ist eine Idee.

Es ist die Idee, Gedanken so zu strukturieren, explizit zu machen, zu sammeln und zu verbinden, dass eine Einheit entsteht, die sich passgenau in eine endlose Korrespondenzkette fügt. Während der Brief zwischen zwei Geistern vermittelt, wagt das Buch die gesellschaft-

liche Korrespondenz: die Verbindung der heute Denkenden untereinander und mit jenen, die vor ihnen wirkten und dachten, sowie jenen,
die auf sie folgen werden. Dadurch kann eine Buchkultur kumulie-
ren und thesaurieren: einen zugänglichen Kulturschatz schaffen,
der nicht in Kammern verschlossen werden muss, der beim Teilen
wächst und die Menschen auch im Streit verbinden kann.

Der letzte Punkt ist der wichtigste Grund für die bleibende Bedeutung des Buches: Es begründet eine sachliche Streitkultur jenseits
der schlagzeilengeblähten Filterblasen, weil es Aufmerksamkeit fordert und damit fördert, weil es dem Argument Platz lässt und weil es
in seiner schriftlichen Abstraktion sinnbildlich für kühle, aber helle
Köpfe steht. Gewiss, nur das wenigste Gedruckte folgt dieser Idee.
So steht das Buch als Idee aber auch über dem Gedruckten und muss
nicht mit diesem um sein Leben bangen. Selbst wenn sich diese Idee
einmal vom Materiellen gänzlich lösen sollte – wer weiß, vielleicht
wirkt sie dann umso stärker.

CHRISTIAN TEISSL

Begegnung zwischen den Zeilen

Das Buch,
das du mir geliehen hast
an einem Wintertag vor zwei Jahren –:
manchmal streift es mein Blick,
als müsste er sich vergewissern,
dass es noch da ist;
manchmal berühre ich
scheu und flüchtig
mit den Fingerkuppen seinen Rücken;
manchmal liegt es plötzlich vor mir
im Lichtkreis der Lampe
und zeigt mir ein fremdes Gesicht;
manchmal schlage ich es auf
an der erstbesten Stelle
und habe dabei deine Stimme im Ohr;
manchmal folge ich unverwandt
deinen meerblauen Lesezeichen
von Seite zu Seite
und entdecke an ihren Rändern
neue Notizen – ein Wort, eine Zeile –
von deiner Hand.

für R.

Lebendige Erinnerung

Leykam, das waren während meiner Studienzeit zunächst die wohlbe-
stückten Schaufenster der Buchhandlung in der Grazer Stempfergasse. Und am Monatsbeginn auch der eine oder andere Buchkauf: meist
eine Neuerscheinung eines rororo-Taschenbuches. Diese Bändchen des
Rowohlt-Verlages waren auch für Studenten erschwinglich. Ihre Lektüre deckte teilweise den Nachholbedarf an Weltliteratur, die unserer Generation vom Nationalsozialismus vorenthalten worden war. Ein paar
Jahre später, Ende der 50er Jahre des vergangenen Jahrhunderts, war
der Name Leykam für mich ein Synonym für „Konkurrenz". Ich hatte
nach dem Abschluss des Geschichtsstudiums meine Berufslaufbahn als
Journalist bei der „Kleinen Zeitung" begonnen und musste die Erfahrung
machen, dass die Parteizeitungen „Neue Zeit" (SPÖ) und „Südost-Tagespost" (ÖVP), die beide bei Leykam gedruckt wurden, in koalitionärer
Eintracht immer wieder gegen die unabhängige „Kleine Zeitung" loszo-
gen. Die war 1948 als unabhängige Konkurrentin auf dem Zeitungsmarkt
aufgetaucht und erwies sich als durchaus wehrhaft und erfolgreich.

Ein paar Jahrzehnte später lernte ich als Pensionist und Autor des
Bandes „Der Brückenbauer", einer Biographie über den steirischen
Kulturpolitiker Hanns Koren, auch noch den Buchverlag näher ken-
nen, personifiziert in dem aufgeschlossenen und kompetenten Duo
Wolfgang Hölzl und Dagmar Holzmann sowie der wachsamen Lekto-
rin Rosemarie Konrad.
Leykam ist für mich eine wertvolle, recht lebendige Erinnerung.

ANITA ZIEGERHOFER

Ein Wahrzeichen unseres Bundeslandes

Als der in Ulm geborene Buchdrucker Georg Widmanstetter 1585 von Erzherzog Karl II. nach Graz gerufen wurde, um im Auftrag der neugegründeten Jesuiten-Universität eine Druckerei zu gründen, war ihm damals sicher nicht bewusst, dass er damit den Grundstein einer 435-jährigen Verlagsgeschichte gelegt hatte. Ähnlich muss es auch dem Mainzer Andreas Leykam ergangen sein, als er 1781 seinen eigenen Verlag eröffnete, damit die Monopolstellung der Widmanstetter Hofbuchdruckerei aufhob und diese bald seinem Verlag einverleibte. Er hätte wohl auch nicht gedacht, dass sein Name knapp 240 Jahre nach der Gründung noch existieren würde. Der Verlag, der über hundert Jahre nach Erfindung des Buchdrucks gegründet wurde, hat bis zum heutigen Tag alle Höhen und Tiefen überlebt und ist im Zeitalter der Digitalisierung angekommen! Für mich ist er ein bedeutendes Stück Steiermark, nicht wegzudenken, so wie man einen Erzherzog Johann, den Erzberg oder den Grazer Schloßberg nicht wegdenken kann. Leykam ist für mich ein Wahrzeichen unseres Bundeslandes, eine steirische Institution, die integrative Kraft besitzt – verbindet doch der Verlag indirekt und direkt die Leser_innenschaft weit über die Grenzen der Steiermark hinaus. Der Leykam Verlag war auch einer der ersten Verlage, der meine Arbeiten veröffentlichte und dem ich bis heute treu geblieben bin. Ich danke für die kompetente und überaus freundliche, beinahe familiäre Betreuung durch das gesamte Team. Dem Verlag wünsche ich weiterhin mit ganz viel NachDRUCK viel Erfolg und weiterhin viele beeinDRUCKende Veröffentlichungen.

Eine kurze Geschichte des Leykam Buchverlages

1585

Erzherzog Karl II. von Innerösterreich gründet als Gegenge-
wicht zur protestantischen Stiftsschule die von den Jesuiten
betriebene Grazer Universität und beruft den aus München
kommenden katholischen Buchdrucker Georg Widmanstetter
nach Graz, da bis zu diesem Zeitpunkt alle Buchdruckereien
von Protestanten betrieben wurden. Damit begann die bis
heute andauernde Geschichte des Leykam Buchverlages.

1586

Das erste Druckwerk bei Widmanstetter erscheint –
eine Verteidigungsschrift der Jesuiten gegen Anfeindungen.
Widmanstetter hat den Sitz seiner Offizin in der Grazer Burggasse. Eine enge Zusammenarbeit mit der Universität und
den Jesuiten, aber auch mit dem Habsburger Hof in
Graz entwickelt sich.

1593

Die „Newe Zeitung" – „Gedruckt zue Graetz in Steyer / bey
Georg Widmanstetter" – erscheint. Es ist der Beginn einer
mehr als 400-jährigen Tradition des Zeitungsverlags.

1600

Ein Generalmandat untersagt die Errichtung und den Betrieb von Druckereien mit Ausnahme der landesfürstlichen Druckerei von Widmanstetter. Sie ist damit die einzige Druckerei Innerösterreichs. Dieses Privileg wird bis 1781 immer wieder bestätigt und verschafft Widmanstetter ein lukratives Monopol.

1618

Mit dem „Prager Fenstersturz" beginnt der Dreißigjährige Krieg.

1619

Erzherzog Ferdinand, Sohn und Nachfolger von Karl II., wird als Ferdinand II. Kaiser und übersiedelt mit seinem Hof von Graz nach Wien.

1686

Das erste Koch- und Artzneybuch Österreichs wird bei Widmanstetter gedruckt.

1728

Kaiser Karl VI. nimmt in Graz als letzter Landesfürst die Erbhuldigung der steirischen Landstände entgegen und bestätigt die Privilegien und Freiheiten des Landes.

1740

Das prächtigste Druckwerk Widmanstetters, die „Erbhuldigung" Karl VI. erscheint, im selben Jahr übernimmt seine Tochter Maria Theresia die Regierung der habsburgischen Erblande.

1771

Der erste Bauernkalender, besser bekannt als
„Mandlkalender", erscheint bei Widmanstetter,
ab 1785 bei Leykam.

1776

Der vermutlich aus Mainz stammende Andreas Leykam
kommt nach Graz und wird zunächst Gehilfe in der
Widmanstetter Hofbuchdruckerei.

1781

Andreas Leykam macht sich selbständig und erhält
durch ein Hofdekret Kaiser Joseph II. die Erlaubnis, eine
Druckerei zu führen. Das Widmanstettersche Druckmonopol
ist beendet.

1793

Leykam erwirbt die Liegenschaft Stempfergasse 9,
die nun rund 200 Jahre lang Firmensitz sein soll.

1797/1805/1809

Im Zuge der Napoleonischen Kriege besetzen
französische Truppen dreimal die Steiermark.

1806

Andreas Leykam kauft mitten in den napoleonischen Wirren
die Beck-Widmanstettersche Druckerei und expandiert
weiter. Zu Verlag, Zeitung und Druckerei gehört auch
eine Papierfabrik.

1 8 1 1

Durch Schenkungen Erzherzog Johanns entsteht das Joanneum. Johann, der seine Liebe zu und Heirat mit Anna Plochl in seinem 1959 bei Leykam erscheinenden Text „Der Brandhofer und seine Hausfrau" niederschreibt, wird bis zu seinem Tod 1859 der große Reformer und Förderer der Steiermark.

1 8 4 8

Die Revolution in Österreich wird niedergeschlagen, Franz Joseph wird Kaiser.

1 8 4 9

Unter dem gemeinsamen Namen „Andreä Leykam's Erben" beginnen Papierfabrik bzw. Verlag und Druckerei eigene Wege zu gehen.

1 8 5 6

Bei Leykam erscheint erstmals am 17. Jänner die national-liberale Tageszeitung „Tagespost".

1 8 5 8

Das berühmte Kochbuch der Katharina Prato erscheint bei Leykam.

1 8 6 4

Der Chefredakteur der „Tagespost",
Dr. Adalbert Svoboda, entdeckt das schriftstellerische Talent Peter Roseggers und veröffentlicht erste Texte.

1876

Die erste Ausgabe der Monatsschrift Peter Roseggers „Heimgarten" erscheint bei Leykam von 1876 bis 1925 und mit einer Unterbrechung wieder im letzten Erscheinungsjahr 1935.

1883

Es kommt zur förmlichen Trennung von Druckerei und Verlag bzw. Papiererzeugung – in die „Druckerei- und Verlags AG Leykam" mit Sitz in Graz und die „Papier- und Zellstoffindustrie Leykam-Josefsthal" in Gratkorn mit Sitz in Wien.

1914

Ausbruch des Ersten Weltkriegs.

1918

Mit dem Ende des Ersten Weltkriegs endet auch die Habsburgermonarchie. Die Republik Österreich, zunächst „Deutschösterreich" entsteht. Der Friedensvertrag von Saint-Germain verbietet den Anschluss an Deutschland und verlangt, dass die Republik „Österreich" heißt.

1919

Nicht zuletzt aufgrund der Tatsache, dass Triest nicht mehr zu Österreich gehört – wie jahrhundertelang in der Zeit der Habsburger – verkauft Leykam die Filiale in der Hafenstadt.

1 9 3 4

Nach dem missglückten Februaraufstand der Sozialdemokratie verwandelt der christlich-soziale Bundeskanzler Engelbert Dollfuss die demokratische Republik in eine „Kanzlerdiktatur", oft auch „austrofaschistischer Ständestaat" genannt. Zahlreiche Druckereien und Zeitungen, vornehmlich der Sozialdemokratie, werden beschlagnahmt bzw. eingestellt.

1 9 3 8

Nach dem „Anschluss" Österreichs an Nazideutschland wird der Leykam Verlag in den offiziellen „NS-Gauverlag und Druckerei Steiermark" umgewandelt, die dort hergestellte „Tagespost" das „Parteiamtliche Organ des Gaues Steiermark der NSDAP".

1 9 4 5

Nach Ende des 2. Weltkriegs und der grauenvollen Nazidiktatur entstehen Österreich und das Bundesland Steiermark als sogenannte Zweite Republik wieder. Die Demokratie wird wiederhergestellt. In der Steiermark wird der Sozialdemokrat Reinhard Machold Landeshauptmann und die Leykam (Verlag, Druckerei und Buchhandel) erhält wieder ihre alte Rechtsform, wobei Machold und andere führende Sozialdemokraten als Verwalter eingesetzt werden.

1 9 4 5 / 4 6

Leykam druckt alle drei steirischen Parteizeitungen „Tagespost", zunächst „Steirerblatt" (ÖVP), „Neue Zeit" (SPÖ) und „Wahrheit" (KPÖ). Erst 1948 erscheint die „Kleine Zeitung" wieder.

1 9 4 9

Die „Leykam" geht formell in das Eigentum der SPÖ über.

1 9 5 5

Geburtsstunde des Fernsehens in Österreich.

1 9 7 2

Start der Steiermark-Ausgabe der vom gebürtigen Steirer
Hans Dichand herausgegebenen „Neuen Kronenzeitung".

1 9 7 8

Die Leykam-Druckerei übersiedelt aus der Grazer Stempfergasse in eine neue Produktionsstätte in Graz Straßgang –
u. a. wird dort danach auch die Steiermark-Ausgabe der
„Neuen Kronenzeitung" gedruckt.

1 9 8 2

Dezentralisierung der „Leykam AG" in sechs einzelne
Geschäftsbereiche, die eigene GmbHs werden: Druckerei,
Zeitungsverlag, Buchverlag, Buchhandlung, Alpina und
„Media Süd Ost" mit einer Videoproduktionsfirma. Sie
werden zu eigenständigen als GmbH geführten Tochterfirmen
der Leykam AG, die als Holding fungiert.

1 9 8 7

Die bei Leykam gedruckte VP-Tageszeitung „Tagespost"
wird eingestellt, die „Neue Zeit" von der SPÖ in das Eigentum
der Mitarbeiter entlassen.

2001

Die „Neue Zeit" wird eingestellt.

SEIT 2000

Die einzelnen Leykam-Töchter werden sukzessive verkauft,
sodass 2019/20 von der der SPÖ zuzurechnenden Leykam
Medien AG nur mehr eine Agentur überbleibt, die unter anderem Social Media-Kampagnen für die Sozialdemokratie
organsiert.

2012

Der Leykam Buchverlag wird von der Medienfabrik, vormals
Steiermärkische Landesdruckerei, übernommen, die im
Wesentlichen im Eigentum des Grazer Unternehmers
Leopold Garter steht. Wolfgang Hölzl ist seither Verlagsleiter.
Der Firmensitz ist nun in der Dreihackengasse in Graz.

2017

Die Leopold Gartler gehörende unabhängige private
Beteiligungsgesellschaft GL Invest erwirbt den
Leykam Buchverlag.

2019

Stefan Gartler übernimmt die kaufmännische Leitung des
Leykam Buchverlages. Eine Verlagsniederlassung in
Wien wird eröffnet.

2020

Der Leykam Buchverlag feiert sein 435-Jahr-Jubiläum
mit Blick auf die Zukunft und setzt mit einem umfassenden
Relaunch neue Akzente für die kommenden Jahre.

AUTORINNEN UND AUTOREN

Mag. art Gerald Brettschuh
Maler und Grafiker
...

MMag. Dr. Helwig Brunner
Schriftsteller und Mitbegründer und
Geschäftsführer des ökologischen
Planungsbüros ÖKOTEAM in Graz
...

Mag. Klaus Brunner
Ehemaliger Geschäftsführer des
Leykam Verlages
...

Mag. Christopher Drexler
Landesrat für Kultur, Europa,
Sport und Personal
...

Mag. Beatrice Erker
Obfrau der Fachgruppe Buch- und
Medienwirtschaft Steiermark
...

Mag. Dr. Janko Ferk
Richter, Wissenschafter und Autor
...

Univ.-Prof. Dr. Heinz Fischer
2004–2016 Bundespräsident der
Republik Österreich, davor Wissen-
schaftsminister sowie Präsident des
österreichischen Nationalrats
...

FH-Prof. Mag. Dr. Heinz M. Fischer
Vorsitzender des Departments
Medien & Design sowie Leiter des
Instituts Journalismus und Public
Relations an der FH Joanneum
...

Benedikt Föger
Präsident des Hauptverbands des
Österreichischen Buchhandels
...

Mag. Gudrun Fritsch
Schriftstellerin
...

Valerie Fritsch
Schriftstellerin, Polaroidphotographin
und Reisende
...

UD Dr. Hannes D. Galter
Orientalist und ehem. Direktor der
Österreichischen Urania für Steiermark
...

Ao. Univ.-Prof. Dr. Helmut Gebhardt
Referent der Rechtswissenschaftlichen
Fakultät für die Studienberechtigungsprüfung
...

KommR Friedrich Hinterschweiger
Spartenobmann, Fachverbandsobmann und
Obmann-Stv. Sparte Information und
Consulting der Wirtschaftskammer Steiermark
...

Herbert Hirschler
Schriftsteller und Liedertexter
...

Prof. Otto Hochreiter, MA
Direktor des GrazMuseums und des
Stadtarchivs Graz
...

Mag. Dr. Elisabeth Holzer
Redakteurin des Kurier
...

Dr. Markus Jaroschka
Schriftsteller und ehem. Mitherausgeber
der Literaturzeitschrift „Lichtungen"
...

Christian Jungwirth
Fotograf und Galerist
...

Dr. Egon Kapellari
Emeritierter Diözesanbischof von
Graz-Seckau
...

Univ.-Prof. Dr. Stefan Karner
Ehem. Vorstand des Instituts für
Wirtschafts-, Sozial- und Unternehmens-
geschichte der Karl-Franzens-Universität
Graz sowie ehem. Leiter des Ludwig
Boltzmann Instituts für Kriegsfolgen-
forschung
...

Margarita Kinstner
Schriftstellerin
...

Mag. Christian Kircher
Geschäftsführer Bundestheater-Holding
GmbH
...

Waltraud Klasnic
Landeshauptmann a. D.
...

Annette Knoch
Verlagsleiterin Literaturverlag Droschl
...

Gerhard Koch
Landesdirektor des ORF Steiermark
...

Mag. Katharina Kocher-Lichem
Leiterin der Steiermärkischen
Landesbibliothek
...

Mag. (FH) Markus Kostajnsek
Leiter des Fachbereichs Digitalisierung
und Altes Buch an der Steiermärkischen
Landesbibliothek
...

Prof. Dr. Johannes Koren
Publizist
...

Prof. Mag. Dr. Karl Albrecht Kubinzky
Geograph, Historiker und Fotosammler
...

Iris Laufenberg
Intendantin Schauspielhaus Graz
...

HR Elisabeth Meixner, BEd
Bildungsdirektorin für Steiermark
...

Prof. Mag. Dr. Elgrid Messner
Rektorin der Pädagogischen Hochschule
Steiermark
...

Dr. Wolfgang Moser
Direktor der Österreichischen Urania
für Steiermark
...

HR Dr. Wolfgang Muchitsch
Wissenschaftlicher Direktor,
Universalmuseum Joanneum
...

Mag. Siegfried Nagl
Bürgermeister der Stadt Graz
...

Anna-Lena Obermoser
Poetry Slam Künstlerin, DUM-Kolumnistin,
Dialektautorin und Liederschreiberin
...

Hofrat Mag.
Dr. Gernot Peter Obersteiner MAS
Direktor des Steiermärkischen Landesarchivs
...

Dkfm. Mag. Dr. Kurt Oktabetz
Ehemaliger Vorstandsvorsitzender der
Leykam Medien AG
...

Prof. Mag. art. Adolf Anton Osterider
Bildender Künstler, verstorben 2019
...

Heide Osterider-Stibor
Malerin
...

Mag. Hubert Patterer
Chefredakteur der Kleinen Zeitung
...

Josef Pesserl
Präsident der Arbeiterkammer Steiermark
...

Mag. Georg Petz
Schriftsteller
...

Ass.Prof. Dipl.-Ing.
Dr. techn. Johanna Pirker, BSc
Informatikerin am Institute of Interactive
Systems and Data Science der TU Graz
...

Dr. Birgit Pölzl
Schriftstellerin und ehem. Leiterin des Ressorts
Literatur im Kulturzentrum bei den Minoriten
...

Oliver Pokorny, MA, MBA
Chefredakteur der Steirerkrone
...

Ao. Univ.-Prof. Dr. Martin F. Polaschek
Rektor der Karl-Franzens-Universität Graz
...

Dr. Alexander Potyka
Vorsitzender des Österreichischen
Verlegerverbandes
...

Mag. Robert Preis
Redakteur der Kleinen Zeitung
...

Franz Preitler
Schriftsteller und Obmann des
Roseggerbundes
...

Dr. Johanna Rachinger
Generaldirektorin der Österreichischen
Nationalbibliothek
...

Dr. Günter Riegler
Stadtrat der Stadt Graz für Kultur sowie
Finanz- und Vermögensdirektion
...

Andrea Sailer
Schriftstellerin
...

Dr. Martina Salomon
Chefredakteurin des Kurier
...

Mag. Patrick Schnabl
Leiter der Abteilung 9 Kultur, Europa,
Außenbeziehungen, Land Steiermark
...

Rotraut Schöberl
Mitinhaberin der Wiener Buchhandlung
Leporello
...

Em.Univ.-Prof. DDr. Gerald Schöpfer
Wirtschaftshistoriker und Politiker,
Präsident des Österreichischen
Roten Kreuzes
...

Dr. Kurt Scholz
Ehem. Vorsizender des Zukunftsfonds
der Republik Österreich und ehem.
Stadtschul-ratspräsident der Stadt Wien
...

Hermann Schützenhöfer
Landeshauptmann der Steiermark
...

Mag. Dr. Andrea Seel
Rektorin der Kirchlichen Pädagogischen
Hochschule Graz
...

KR Dr. Emmerich Selch
Eigentümer und Geschäftsführer der
Morawa Gruppe
...

Gustav Soucek
Geschäftsführer des Hauptverbands des
Österreichischen Buchhandels
...

DI Gerhard Steindl
Geschäftsführer der Medienfabrik Graz
...

Univ.-Prof.i.R. Mag.
DDr. Michael Steiner
Ökonom und Herausgeber der Reihe WAS
...

Univ.-Prof. Mag.
Dr. Barbara Stelzl-Marx
Leiterin des Ludwig Boltzmann Instituts
für Kriegsfolgenforschung
...

Ao. Univ.-Prof. Mag.
Dr. Markus Steppan
Vizestudiendekan der Rechtswissen-
schaftlichen Fakultät
...

Alfred Stingl
Ehem. Bürgermeister der Stadt Graz
...

Univ.-Prof. Dr. Karl Stocker
Leiter des Instituts Design & Kommunikation
an der FH Joanneum
...

DI Rahim Taghizadegan
Ökonom und Gründer von scholarium
...

Christian Teissl
Schriftsteller
...

Dr. Kurt Wimmer
Ehem. Chefredakteur der Kleinen Zeitung
...

Ao. Univ.-Prof. Mag. Dr.
Anita Ziegerhofer
Leiterin des Fachbereichs Rechtsgeschichte
und Europäische Rechtsentwicklung an der
Karl-Franzens-Universität Graz

Dr. Leopold Gartler

Nach dem Studium der BWL und VWL arbeitete Leopold Gartler mehrere Jahre u. a. als Finanzchef bei Salis & Braunstein. Von 1985 bis 2002 war er als Geschäftsführer der Steiermärkischen Landesholding für alle Beteiligungen des Landes verantwortlich. Seit 2003 ist er erfolgreich als Unternehmer tätig und hat sich seither an namhaften Firmen wie Pankl Racing Systems, Medienfabrik Graz und Glorit Bausysteme beteiligt. Dr. Gartler entschloss sich Ende 2012, den Leykam Buchverlag zu kaufen, da er großes Potenzial in diesem geschichtsträchtigen Verlag sah sowie die Chance, interessante Inhalte zu verlegen, die von öffentlichem Interesse sind. Er hat sich zum Ziel gesetzt, das historische Erbe des Verlages erfolgreich weiterzuführen.

Stefan Gartler, MA

Stefan Gartler wechselte nach seinem Abschluss in Betriebswirtschaft an der Universität Wien für den Masterstudiengang in Finanzwirtschaft an die Universität Zürich. Nach dem erfolgreichen Abschluss blieb er in der Schweiz und arbeitete fünf Jahre lang für eine Tochtergesellschaft der Schweizer Großbank Credit Suisse als Finanzanalyst und Fondsmanager. Seit 2018 ist er als Finanzchef für die GL Invest GmbH tätig und unterstützt dabei die Portfoliofirmen in finanziellen und strategischen Fragen, zu denen auch der Leykam Verlag zählt. Die Arbeit im Leykam Verlag ist für ihn eine Aufgabe, die er aufgrund seiner Liebe zu Büchern und dem beeindruckenden historischen Erbe des Verlages besonders schätzt.

DER HERAUSGEBER

DER VERLAGSLEITER

Prof. Herwig Hösele ist Publizist, ehemaliger Politiker und verlegerischer Berater von Leykam. Er ist als ehemaliger enger Mitarbeiter der Landeshauptleute Josef Krainer jun. und Waltraud Klasnic ein profunder Kenner der steirischen Zeitgeschichte. Heute ist er u. a. Koordinator der Reihen „Geist & Gegenwart" und „Österreich 22" sowie Vorsitzender des Zukunftsfonds der Republik Österreich, des Universitätsrates der Kunstuniversität Graz und des Club Alpbach Steiermark. Zu seinen Veröffentlichungen bei Leykam zählen u. a. „Die Krainers" und „Die Steiermark 1945–2015. Eine Erfolgsgeschichte".

Dr. Wolfgang Hölzl studierte Germanistik und Kunstgeschichte.
Er ist seit Anfang der 1990er Jahre in leitenden Funktionen in österreichischen Buchverlagen tätig: Von 1992 bis 1997 leitete er den Verlag Carinthia in Klagenfurt, 1997 den Styria Verlag in Graz.
1998 erfolgte die Gründung der Steirischen Verlagsgesellschaft mit Leykam, seit 2004 ist er Verlagsleiter des Leykam Verlages.

DAS TEAM

Sie gestalten den Leykam Verlag 2020 wesentlich mit (v. l. n. r.) Lisa Schantl (Marketing), Verlagsleiter Wolfgang Hölzl, die „gute Seele" und Allrounderin Dagmar Holzmann, der verlegerische Berater Herwig Hösele und Eigentümervertreter Leopold Gartler.

Das kleine, aber feine Leykam-Team runden als kaufmännischer Verantwortlicher Stefan Gartler und als Berater, vor allem im Bereich Social Media und Marketing, Wolfgang Kühnelt ab.

leykam:

© by Leykam Buchverlagsgesellschaft m.b.H. Nfg. & Co. KG, Graz–Wien 2020

Layout + Satz: Taska, www.taska.at
Druck: Medienfabrik Graz Gmbh, 8020 Graz
Abbildungen: S. 9 Leykam Buchverlag/S.Gartler;
S. 11, 19, 37, 49, 51, 59, 61 aus „Leykam. 400 Jahre Druck und Papier", Leykam Buchverlag 1985;
S. 23, 25, 27, 29 31, 33, 35 Steiermärkische Landesbibliothek, Graz;
S. 43, 50 Leykam Buchverlag/L. Schantl;
S. 208 ©Foto Furgler / S. 209 u. 211 © Foto Henx
S. 212 Schlussvignette der Offizin Widmanstetter
Alle anderen Bilder stammen aus dem Archiv des Leykam Buchverlages.
Gesamtherstellung: Leykam Buchverlag
Lektorat: Dr. Gundi Jungmeier, www.jungmeier.or.at
ISBN 978-3-7011-8123-0

www.leykamverlag.at